"五育并举"视域下加强高校辅导员队伍建设研究

朱博 著

吉林大学出版社

·长春·

图书在版编目（CIP）数据

"五育并举"视域下加强高校辅导员队伍建设研究/朱博著. -- 长春：吉林大学出版社，2022.12
（高校学生工作理论研究与实践系列丛书）
ISBN 978-7-5768-1415-6

Ⅰ.①五… Ⅱ.①朱… Ⅲ.①高等学校 – 辅导员 – 师资队伍建设 – 研究 Ⅳ.① G645.1

中国版本图书馆 CIP 数据核字 (2022) 第 250564 号

书　　名	"五育并举"视域下加强高校辅导员队伍建设研究
	"WU YU BINGJU" SHIYU XIA JIAQIANG GAOXIAO FUDAOYUAN DUIWU JIANSHE YANJIU
作　　者	朱博
策划编辑	李承章
责任编辑	杨宁
责任校对	蔡玉奎
装帧设计	刘丹
出版发行	吉林大学出版社
社　　址	长春市人民大街 4059 号
邮政编码	130021
发行电话	0431-89580028/29/21
网　　址	http://www.jlup.com.cn
电子邮箱	jldxcbs@sina.com
印　　刷	湖南省众鑫印务有限公司
开　　本	787mm×1092mm　　1/16
印　　张	12.25
字　　数	230 千字
版　　次	2022 年 12 月　　第 1 版
印　　次	2023 年 6 月　　第 1 次
书　　号	ISBN 978-7-5768-1415-6
定　　价	79.00 元

版权所有　翻印必究

前　言

《普通高等学校辅导员队伍建设规定》明确："高校辅导员是开展大学生思想政治教育的骨干力量，是高等学校学生日常思想政治教育和管理工作的组织者、实施者、指导者。"[①]高校辅导员队伍的整体素质和工作水平直接关系到大学生思想政治教育工作的实效性和新时代人才培养质量问题。在高校治理能力和治理体系现代化建设和构建更高水平人才培养体系的背景下，将"以'五育并举'助力发展"的理念引入高校辅导员队伍建设，以质量提升和内涵式发展为导向，将德育、智育、体育、美育、劳动教育从资源要素的重新整合上升为"五育并举"体制机制优化，积极探索研究"五育并举"型辅导员队伍建设发展进路，不仅在于从全新的维度和创新的模式对辅导员队伍建设开展系统研究，更是对深化新时代教育评价改革和促进高等教育发展的积极回应。

本书以历史唯物主义和辩证唯物主义为指导，以马克思主义理论、马斯洛需求层次理论等系统科学理论、中国特色的教育理论等为基础，综合运用文献研究、历史研究、比较研究、调查研究等方法，结合辅导员队伍建设多年发展的实践理论基础，探索从辅导员队伍建设发展、"五育并举"体系之间的异同区分、场域交互，去构建研究模型。

本书从价值维度阐述了将"五育并举"融入高校辅导员队伍建设是高等教育改革发展的时代要求，对于高校内涵式发展、大学生成长成才、辅导员队伍建设、高校辅导员个体发展都具有重要价值。从历史维度对辅导员队伍建设进行了系统地历史回溯，梳理出了辅导员队伍建设实践探索在政策法规颁布、思想政治教育学科建设、培养培训体系构建、理论学术研究积累、队伍交流发展培育等方面所累积的实践经验，通过调查研究等方式，从量化的角度对辅导员队伍建设现状进行分析，通过研究查找辅导员队伍在思想理论

---

① 《普通高等学校辅导员队伍建设规定》，《中华人民共和国国务院公报》2017年第34期。

教育和价值引领、学生日常事务管理、心理健康教育与咨询、就业指导和资助，以及自身队伍建设发展保障等方面存在的问题。分析出了产生上述问题的主要原因是辅导员队伍建设与新时代高等教育改革新任务新要求的结合度不够紧密、发展机制不够健全、队伍专业化建设不够，进一步明晰了建设的现实基础。

本书从系统分析的角度提出"五育并举"型高校辅导员队伍建设的基本思路和实践路径，提出要以健全机制、优化选配、提升能力、服务保障来构建高校辅导员队伍建设的组织力、内生力、内驱力和推动力。进一步明晰了将"五育并举"融入高校辅导员队伍建设，既是新时代推动辅导员队伍职业化、专业化建设的必由之路，也是培养德、智、体、美、劳全面发展的社会主义建设者和接班人的必然选择。

本书结合新时代高等教育改革的相关要求，将高校辅导员队伍建设置于"五育并举"视域下，将"以'五育并举'促自身发展"、"以'五育并举'促学生发展"的理念融入高校辅导员队伍建设研究，以一个全新的研究视角对高校辅导员队伍建设问题进行系统研究，开辟全新的理论视野，丰富更为广阔的研究空间。研究紧扣新时代高等教育改革的时代脉搏和高校内涵式发展的背景，厘清了高校辅导员队伍建设的理论基础和逻辑所在，分析了高校辅导员队伍建设的历史沿革和现实状况，构建了"五育并举"融入高校辅导员队伍建设的研究空间和框架结构，突破了过去研究从理论到理论的局限性，辅以充分的调查数据对辅导员队伍建设现状和存在的问题进行了系统分析，研究从发展规律角度进一步深化了对现行辅导员队伍建设的认识，探讨了新时代高校辅导员队伍建设研究在系统性、完整性等方面存在的问题和不足，并以此为基础进一步探索研究了"五育并举"这一全新路径，为进一步推进辅导员队伍建设创新发展提供了理论和现实借鉴。

目　录

绪　论 ·· 1
  第一节　研究缘起和意义 ·· 1
  第二节　国内外相关研究综述 ·· 10
  第三节　研究内容、思路和方法 ··· 16

第一章　"五育并举"型高校辅导员队伍建设的概念阐释与特征解析 ··· 18
  第一节　"五育并举"型高校辅导员队伍建设的构成和特征 ········· 18
  第二节　"五育并举"型高校辅导员队伍建设的概念、主体和模型 ··· 34

第二章　"五育并举"型高校辅导员队伍建设的理论基础 ············· 50
  第一节　马克思主义理论 ··· 50
  第二节　系统科学的理论 ··· 55
  第三节　中国特色的教育理论 ·· 67

第三章　"五育并举"型高校辅导员队伍建设的价值意蕴 ············· 73
  第一节　"五育并举"型高校辅导员队伍建设
        是高校内涵式发展的题中之义 ·································· 73
  第二节　"五育并举"型高校辅导员队伍建设
        是大学生成长成才的客观要求 ·································· 79
  第三节　"五育并举"型高校辅导员队伍建设
        是辅导员自身发展的内在需求 ·································· 86
  第四节　"五育并举"型高校辅导员队伍建设
        是辅导员队伍建设的必然选择 ·································· 91

第四章 高校辅导员队伍建设的发展沿革 ……………………100
第一节 高校辅导员制度的酝酿萌芽（1924—1948）………100
第二节 高校辅导员制度的初步创立（1949—1960）………103
第三节 高校辅导员制度的转折恢复（1967—1982）………106
第四节 高校辅导员制度的蓬勃发展（1983—2000）………108
第五节 高校辅导员制度的完善成熟（2001至今）…………110

第五章 "五育并举"型高校辅导员队伍建设的问卷调查与实证分析 ……114
第一节 "五育并举"型高校辅导员 ……………………………114
队伍建设的问卷调查 ……………………………………114
第二节 "五育并举"型高校辅导员队伍建设存在的主要问题 ……131
第三节 "五育并举"型辅导员队伍建设存在问题的成因分析 ……134

第六章 "五育并举"型高校辅导员队伍建设的基本思路与实践路径 ……141
第一节 "五育并举"型高校辅导员队伍建设的目标体系 …………141
第二节 "五育并举"型高校辅导员队伍建设的实践路径 …………149

结　语 ………………………………………………………………173

后　记 ………………………………………………………………186

参 考 文 献 …………………………………………………………188

绪　　论

第一节　研究缘起和意义

辅导员是高等学校学生日常思想政治教育和管理工作的组织者、实施者和指导者，是开展大学生思想政治教育的骨干力量，是高等学校教师队伍和管理队伍的重要组成部分，是"三全育人"体制机制中的"关键少数"和"动力所在"，随着新时代教育评价改革的不断发展，高校思想政治教育工作不断改革推进，对高校辅导员队伍建设提出了更高的要求，建设适应新时代高等教育改革发展要求的专业化职业化的高校辅导员队伍，是落实立德树人根本任务的必然要求，是符合高等教育发展规律的必然选择，是推进高等教育现代化、开启高等教育发展新征程、培养德智体美劳全面发展的社会主义建设者和接班人的必由之路。

一、研究缘起

正如马克思、恩格斯在《德意志意识形态》中所说，"一切划时代的体系的真正的内容都是由于产生这些体系的那个时期的需要而形成起来的。"[①] 高等教育改革和发展进入新的历史征程，高等教育制度化、普及化、法治化和国际化趋势不断显现，并成为新时期高校辅导员队伍建设的重要时代参照。站在新的历史起点，重新审视高校辅导员队伍建设的时代背景、准确把握高校辅导员队伍建设的时代要求、积极探索高校辅导员队伍建设的时代选择，是新时代高校辅导员队伍建设理论研究和实践探索的基本方向。[②]

新时代，我国高等教育正走在一条中国特色的高质量发展的新路上，正

[①] 参见《马克思恩格斯全集》第3卷，人民出版.1960年版，第544页。
[②] 参见何定龙：《高校辅导员队伍建设的时代意蕴》，《学校党建与思想教育》2018年第8期。

在从传统的人才培养模式转变为一种创新性的教育模式,①正在成为教育优先发展的新平台,以及创新人才成长的新平台,②正在成为国家创新发展战略的重要支撑力量。一是发展模式由以往的增量改革向存量改革转变,由注重规模化、数量化发展向注重质量化发展转变,通过新的发展动能与运行机制推动教育内涵式高质量发展。二是资源配置由差异分布向均衡分布转变,进一步调整与优化学科专业、课程结构,推动高等教育从大众化教育向普及化教育的同时,推进世界一流大学和一流学科建设。三是评价方式由单一指标向系统综合转变,由单一的教学质量微观评估向人才培养质量的中观、宏观评估转变,更加关注高等教育对社会发展、文化进步,以及增强人民群众获得感、幸福感的贡献。③四是国际地位由跟跑并跑向并跑领跑转变,不断地把高水平创新人才培养的主动权把握在自己手中,既建基于中国传统文化教育,遵循高等教育发展规律,不断增强办好中国特色高等教育的能力水平;又从全球化教育发展视野谋划发展,增强与世界优质教育主体之间的交流合作,使中国逐步成为世界高等教育领域的领跑者。

马克思在《莱茵报》第137号刊论《集权问题》中提出:历史本身除了通过提出新问题来解答和处理老问题之外,没有别的方法。问题就是公开的、无畏的、左右一切个人的时代的声音;问题就是时代的口号,是它表现自己精神状态的最实际的呼声。党的十八大以来,以习近平同志为核心的党中央提出一系列有关教育发展的新思想,对高等教育作出一系列重大决策部署,科学回答了中国特色高等教育走什么道路以及培养什么人、怎样培养人、为谁培养人等根本问题,把对高等教育发展规律的认识提升到新高度。党的十九大把建设教育强国作为中华民族伟大复兴的基础工程,提出"深化教育改革,加快教育现代化,办好人民满意的教育。"中国特色社会主义高等教育已进入新时代,肩负着新任务,需着力解决优质人才匮乏、教育资源分布不平衡等问题,不断满足国家发展需要和人民群众需求。④十九届六中全会再次明确教育的根本任务是立德树人,强调要培养德智体美劳全面发展的社

---

① 参见晋浩天、周世祥:《建设中国特色世界一流大学》,《光明日报》2022年5月25日。
② 参见王鹏、许祖华:《我国高等教育进入普及化发展阶段》,《新华每日电讯》2022年5月18日。
③ 参见宋争辉:《深刻领会习近平新时代中国特色社会主义思想 把学校建设成开放、创新、活力的师范大学》,《河南教育(高教)》2018年第3期。
④ 参见李元元:《开启新时代高等教育新征程》,《人民日报》2017年11月22日。

会主义建设者和接班人,深化教育教学改革创新,促进公平和提高质量。[①] 在庆祝中国共产党成立 100 周年大会上,习近平总书记强调,新时代的中青年要以实现中华民族伟大复兴为己任,增强做中国人的志气、骨气、底气,不负时代,不负韶华,不负党和人民的殷切期望![②] 习近平总书记的谆谆教导,充分彰显党和国家对新时代中国青年的殷切期盼,也为新时代中国青年发展提出了明确的要求、指明了前进的方向。2022 年 5 月 10 日,习近平总书记在庆祝中国共产主义青年团成立 100 周年大会上的讲话中再次强调,要立足党的事业后继有人这一根本大计,牢牢把握培养社会主义建设者和接班人这个根本任务,引导广大青年在思想洗礼、在实践锻造中不断增强做中国人的志气、骨气、底气,让革命薪火代代相传![③]

青年兴则国家兴,青年强则国家强。"两个一百年"奋斗目标的实现、中华民族伟大复兴中国梦的实现,归根到底要依靠青年,青年的成长还是要依靠教育。培养造就成中国特色社会主义事业合格建设者和可靠接班人是一项关乎党和国家前途命运的战略任务,意义极其重大而深远。正如习近平总书记所言:"今天的学生就是未来实现中华民族伟大复兴中国梦的主力军,广大教师就是打造这支中华民族'梦之队'的筑梦人。"人才培养,关键在教师。全面深化新时代教师队伍建设,大力培养造就一支师德高尚、业务精湛、结构合理、充满活力的高素质专业化教师队伍,让广大教师成为"有理想信念、有道德情操、有扎实知识、有仁爱之心"的"四有"好教师,更好地担当起职责使命,是加快推进教育现代化、办好人民满意教育的中坚力量,更是建设社会主义现代化教育强国、落实立德树人根本任务的重要保障。

作为青年学生的成长成才的人生导师和健康生活的知心朋友,新时期高校辅导员要坚持以习近平新时代中国特色社会主义思想为指导,以立德树人为根本,以理想信念教育为核心,以培养和践行社会主义核心价值观为主线,[④]

---

① 《中共中央关于党的百年奋斗重大成就和历史经验的决议》(2021 年 11 月 11 日中国共产党第十九届中央委员会第六次全体会议通过),新华网 https://baijiahao.baidu.com/s?id=1716574999792985193&wfr=spider&for=pc

② 习近平:《在庆祝中国共产党成立 100 周年大会上的讲话》,新华网 https://baijiahao.baidu.com/s?id=1704064566449070952&wfr=spider&for=pc

③ 习近平:《在庆祝中国共产主义青年团成立 100 周年大会上的讲话,新华网 https://baijiahao.baidu.com/s?id=1732489351135014603&wfr=spider&for=pc

④ 参见黄先开:《推动党的十九届六中全会精神落地见效 培养造就大批堪当时代重任的接班人》,《北京教育(德育)》2021 年第 12 期。

做好大学生思想理论教育和价值引领，不断增强"四个自信"，树立正确的世界观、人生观、价值观。这是历史赋予高校辅导员队伍的时代使命。当代大学生成长在祖国新时期建设发展的伟大时代，良好的经济基础和家庭环境让新时期的大学生自立自强、勇于创新，不论是思想还是心理上，呈现出积极、乐观、向上的特征，善于接受新生事物。但开放的社会环境、多元的信息来源，也使得部分学生身上出现了一些较为突出的问题，例如有的缺乏理想信念，消极迷茫，缺少学习生活的目标和动力；有的缺乏团队意识，凡事以自我为中心，成为"精致的利己主义者"；有的缺乏毅力恒心，心理素质和抗压能力都较差，等等。随着现代信息技术数字化、高速化发展，网络空间开放性、自由性和交互性、隐蔽性同时并存，但是大学生处于世界观、人生观、价值观正在形成发展的阶段，猎奇心理和探索精神使他们很容易受到网络上一些不良信息和思想的影响和诱导。纷繁复杂的情况，辅导员如何"因事而化、因时而进、因势而新"，遵循思想政治工作规律，遵循教书育人规律，遵循学生成长规律，不断提高工作能力和水平，[①] 有效地开展大学生思想政治教育工作，帮助大学生不断坚定中国特色社会主义道路自信、理论自信、制度自信、文化自信，[②] 牢固树立正确的世界观、人生观、价值观，让他们成为有理想、有目标、有志向、有抱负的当代青年，自觉将个人的理想和民族的命运、国家的前途连在一起，将个人梦和中国梦统一在一起，为党和人民培养具有中国特色社会主义共同理想的社会主义建设者和接班人，这也对高校辅导员队伍提出了更高的要求。

党和国家历来重视青年的思想政治教育工作，早在新民主主义革命时期，就在军队创新建立了加强思想政治教育工作的"政治指导员制度"，其形成和发展为新中国成立后我国高校辅导员制度的产生和发展提供了重要的依据和经验。1953年4月，著名教育家、革命家、时任清华大学校长蒋南翔提出并建立"双肩挑"模式的政治辅导员，为辅导员队伍建设主要模式类型的设立奠定了基础。1961年9月15日，经中央庐山工作会议讨论，中央政治局党委扩大会议通过了《教育部直属高等学校暂行工作条例（草案）》，第一次在中共中央文件中正式提出要在高等学校设置专职政治辅导员，辅导员制

[①] 参见周凯：《思政教育是立德树人的灵魂工程》，《吉林日报》2018年11月23日。
[②] 参见黄蓉生：《高校思想政治工作改革创新的"三因"要求论析》，《思想力轮教育导刊》2017年第10期。

度得到了丰富和发展。

改革开放以来，辅导员制度迅速恢复发展。1987年5月，中共中央《关于改进和加强高等学校思想政治工作的决定》（1987年5月29日颁布）为辅导员职业化专业化建设发展，提供了重要的政策保障。1994年，中共中央《关于进一步加强和改进学校德育工作的若干意见》（1994年8月31日颁布）提出要"加强德育队伍建设，要优化队伍结构，建设一支专兼结合、功能互补、信念坚定、业务精湛的德育队伍"。1999年，中共中央、国务院《中共中央国务院关于深化教育改革全面推进素质教育的决定》、中共中央《关于加强和改进思想政治工作的若干意见》先后颁布，再次强调要"优化结构，建设全面推进素质教育的高质量的教师队伍"。

进入21世纪以来，中共教育部党组《关于进一步加强高等学校学生思想政治工作队伍建设的若干意见》（教党〔2000〕21号）、中共中央、国务院《关于进一步加强和改进大学生思想政治教育的意见》（中发〔2004〕16号）、教育部《关于加强高等学校辅导员班主任队伍建设的意见》（教社政〔2005〕2号）等高校辅导员制度建设的纲领性文件相继出台。2006年7月23日，教育部颁布《普通高等学校辅导员队伍建设规定》（教育部令第24号），这是第一部关于高校辅导员的法规性文件，辅导员队伍职业化专业化建设上升到了一个新阶段。在党中央的高度重视下，各级教育主管部门和各高校充分认识加强辅导员队伍建设的重要性和紧迫性，强化组织领导，建立体制机制、落实责任分工、制定政策措施，辅导员的选拔任用、培养发展、工作条件、待遇保障不断改善，为高校辅导员队伍专业化、职业化建设奠定了基础，创造了可行性。

高校辅导员、辅导员队伍从"零"发展至今，数十年历程，逐步成为中国特色社会主义高等教育改革发展的中流砥柱。辅导员队伍的规模从最初的清华大学政治辅导员25人发展到如今的24.08万人，队伍结构从最初具有"兼职"属性的单一"双肩挑"，逐步发展到"以专职为主、兼职为辅、专兼结合"，专职队伍成为辅导员队伍的主体和核心，辅导员角色逐渐丰富发展为集"高等学校学生日常思想政治教育和管理工作的组织者、实施者、指导者"[1]，以及"学生成长成才的人生导师和健康生活的知心朋友"等多元一体、多重

---

[1] 教育部：《普通高等学校辅导员队伍建设规定》，2017年9月21日 http://www.moe.gov.cn/jyb_xxgk/xxgk/zhengce/guizhang/202112/P020211208551441178238.pdf

身份的复合型角色，逐渐形成了一支学历基础好、政治素养高、能力素质强的辅导员队伍，辅导员队伍职业化、专业化、专家化建设初见成效。

教育部于2014年颁布《高等学校辅导员职业能力标准（暂行）》，并于2017年再次以法规性文件形式颁布了《普通高等学校辅导员队伍建设规定》（教育部令第43号），从思想政治教育和价值引领、党团和班级建设、学风建设、学生日常事务管理、心理健康教育、网络思想政治教育、校园危机事件应对、职业规划与就业创业指导、理论和实践研究等九个方面，进一步明确了辅导员职业能力标准，导引了辅导员队伍建设的政策方向。经过多年建设发展，随着辅导员职能职责的规范化指引，辅导员待遇保障、培养发展机制的进一步健全完善，辅导员队伍建设取得了较大的进步，人员配备进一步充实，截至2021年底，总体师生比平均达到了1∶171。

十八大以来，辅导员队伍建设发展迅速、成效显著，但是队伍中依然存在诸如：职责履行不力、专业化建设不力、队伍稳定性不强等问题，对辅导员队伍的整体工作实效影响较大。纵观辅导员队伍建设历程，建设与发展相伴相生、循环往复，最终推动队伍建设不断走向成熟。从现今来看，辅导员队伍规模不断壮大，从"量"上来看，基本实现了一定的基数积累。按照马克思主义辩证法事物的发展都要经历从量变到质变的规律，要实现"质"的提升，进而实现辅导员队伍建设内涵式发展，不断提升整支队伍的专业化水平和职业化程度，便成为摆在我们眼前亟须解决的问题。纵观辅导员队伍建设模式，主要以组织推动发展为主，各级教育主管部门、各高校通过制定政策规划、搭建发展平台、提供经费保障等，采取相对统一的管理方式来推进辅导员队伍的建设发展。此类建设模式的优势在于组织性和规范性，可供调配的资源相对充足，可以建立覆盖面广、相对稳定的队伍，具有示范性和可复制性。但这类建设模式同样存在弊端和问题，则在于辅导员往往停留于"完成工作"，而缺少对学生工作的积极性、主动性、创造性的深度挖掘、调动发挥。新时代教育评价改革的时代背景下，如何在传承以往建设过程中形成的一些优秀的经验做法的同时，继往开来实现辅导员队伍建设真正"质"的飞跃？那就离不开"创新"。

高校辅导员队伍建设如何创新？党的十八大以来，习近平总书记在关于教育的重要论述中，始终将"三全育人""五育并举"作为主线贯穿其中。2016年，习近平总书记在全国高校思想政治工作会议上强调："要坚持把立德树人作为中心环节，把思想政治工作贯穿教育教学全过程，实现全程育人、全方位育人，努力开创我国高等教育事业发展新局面"。①2018年，在全国教育大会上，习近平总书记强调"要努力构建德智体美劳全面培养的教育体系，形成更高水平的人才培养体系"。②中央部委多次出台政策性文件，推进相关工作的落实，2017年2月，中共中央、国务院印发的《关于加强和改进新形势下高校思想政治工作的意见》指出，高校要"坚持全员全过程全方位育人"，并深入阐释了"三全育人"改革的重大意义、时代内涵和"十大育人"体系构建等内容。③2018、2019年，教育部先后两次在全国范围内推进"三全育人"综合改革的试点工作，明确了试点建设标准和"三全育人"改革的路径、方法。2020年《教育部等八部门关于加快构建高校思想政治工作体系的意见》明确："要以建立完善全员、全程、全方位育人体制机制为关键，全面提升高校思想政治工作质量。"④2020年印发的《深化新时代教育评价改革总体方案》和2021年印发的《关于新时代加强和改进思想政治工作的意见》进一步明确：要构建共同推进思想政治工作的大格局，牢牢把握教育评价的指挥棒，扭转不科学的教育评价导向，从党委和政府、学校、教师、学生多重维度提出建构内容全面、指标合理、方法科学的思想政治工作测评体系，从"德""智""体""美""劳"五个方面进一步强化了对学生全过程、全方位的培养，提出建立科学的、完善的综合素质评价体系。十九届六中全会通过的《中共中央关于党的百年奋斗重大成就和历史经验的决议》中明确指出："全面贯彻党的教育方针，优先发展教育事业，明确教育的根本任务是立德树人，培养德智体美劳全面发展的社会主义建设者和接班人，深化教育教学改革创新，促进公平和提高质量"纳入其中。⑤这些政策举措为"五育并举"型辅导员队伍建设奠定了坚实的基础，拓展了更为宽广、更为科学的平台。

---

① 参见翟博：《深刻理解习近平总书记关于教育的重要论述核心思想和精髓要义》，《中国高等教育》2021年第1期。
② 参见赵锋、孔军、陈广宇、许明月、王欢、赵珏、李桂英、董璐、郭玲娜：《立德树人为什么——深入学习习近平总书记关于教育的重要论述》，《北京教育（高教）》2021年第3期。
③ 参见陈潘、陈士良：《新时代高校"三全育人"改革探索：问题与路径》，《黑龙江教育（理论与实践）》2021年第2期。
④ 参见杨永平：《西柏坡精神融入高校思想政治教育的当代价值探究》，《思想政治课研究》2022年第1期。
⑤ 参见黄超、丁雅诵：《培养担当民族复兴大任的时代新人》，《人民日报》2021年12月10日。

高等学校担负着为党育人、为国育才的重大使命，要培养德智体美劳全面发展的社会主义建设者和接班人，必须要有一支能够承担起立德树人使命的教师队伍，"高校教师要坚持教育者先受教育，努力成为先进思想文化的传播者、党执政的坚定支持者，更好担起学生健康成长指导者和引路人的责任"①。高校辅导员是高校教师队伍的重要组成部分，新时期新形势对全面加强和改进辅导员队伍建设提出了更高要求，将"五育并举"贯穿辅导员队伍建设，是构建更高水平人才培养体系的全新尝试，也是推动高校治理能力治理体系现代化建设的创新举措。

二、研究意义

高校辅导员队伍的能力素养和职业水平直接关系到大学生思想政治教育工作的实效性，关系到能否培养出堪当民族复兴大任的、德智体美劳全面发展的社会主义建设者和接班人，因此，必须高度重视辅导员队伍建设，把队伍建设问题放在高校教师队伍建设的突出位置。"一个时代的迫切问题，有着和任何在内容上有根据的因而也是合理的问题共同的命运：主要的困难不是答案，而是问题。因此，真正的批判要分析的不是答案，而是问题。"② 了解辅导员队伍建设自身问题之所在是回答时代之问的基础，把握教育改革发展规律开展队伍建设工作是回应新时代的挑战，与时俱进地开展辅导员队伍建设研究是基本的路径导向。

"五育并举"型高校辅导员队伍建设从一个全新的视角，在"五育并举"视域下研究辅导员队伍的基本内涵和理论基础，探寻其价值所在，从多重维度审视辅导员建设的各个层次，并提出具体的实践路径对于提升辅导员自身素质能力，推进辅导员队伍专业化、职业化建设，以"五育并举"加强和改进大学生思想政治教育工作，进一步丰富高校思想政治教育理论，具有前瞻性、独创性和重要的理论价值和实践意义。

从理论层面来讲，"五育并举"型高校辅导员队伍建设有着重要的理论价值。

在"五育并举"视域下研究高校辅导员队伍建设丰富和发展了辅导员队

---

① 参见戢学良：《切实增强高校思想政治工作有效性》，《吉林日报》2022年8月22日。
② 参见《马克思恩格斯全集》第1卷，人民出版社1995年版，第203页。

伍建设理论。我国的辅导员制度产生至今经历了不断的探寻和发展，但大范围、分层分类开展高校辅导员队伍建设研究的时间并不长。从《中共教育部党组关于进一步加强高等学校学生思想政治工作队伍建设的若干意见》（教党〔2000〕21号）、《中共中央、国务院关于进一步加强和改进大学生思想政治教育的意见》（中发〔2004〕16号）、《教育部关于加强高等学校辅导员班主任队伍建设的意见》（教社政〔2005〕2号）等高校辅导员制度建设的纲领性文件相继出台以来，理论界对辅导员队伍建设的研究进入空前活跃时期，探寻形成了一些规律性、体系性的研究理念，形成了一些初步的科学理论体系。

"五育并举"型高校辅导员队伍建设从全新的视角和理论维度，从新的理论空间和规律方向探索队伍建设研究，丰富和发展了辅导员队伍建设的理论认识。高校辅导员队伍建设研究是高校思想政治理论研究的一个重要方面，在"五育并举"视域下研究高校辅导员队伍建设有助于为高校教师队伍建设提供重要的理论借鉴，同时也有助于进一步把握新时期高校思想政治教育的工作规律和工作机制。

从实践层面来讲，通过在"五育并举"视域下研究高校辅导员队伍建设有助于为辅导员队伍建设工作提供理论和实践指导，进一步推动工作。任何理论都源于实践且最终必须回到实践中去接受检验。辅导员队伍建设经过多年发展取得了阶段性的成果，但是在新时代教育改革也为队伍建设工作带来了更多新问题新挑战。只有从理论层面去厘清关键、总结规律，才能更好地指导实践。在"五育并举"视域下研究高校辅导员队伍建设从新的理论视角对队伍建设问题开展研究，将"五育并举"的理念融入高校辅导员队伍自身建设，融入高校思想政治教育工作，具有一定的指导意义和借鉴价值，能够在实践上推动高校辅导员队伍建设工作。

通过在"五育并举"视域下研究高校辅导员队伍建设进一步回应了辅导员队伍建设的必要性和紧迫性，有助于辅导员进一步增强职业认同感，增强危机意识，为提升辅导员自身能力素养，提高整体工作水平，为辅导员队伍专业化、职业化提供实践指导。

通过在"五育并举"视域下研究高校辅导员队伍建设进一步加强了高校思想政治教育工作。高校辅导员是开展大学生思想政治教育工作的骨干力量，在"五育并举"视域下研究高校辅导员队伍建设有助于进一步梳理大学生思想政治教育过程中存在的问题,把握大学生思想政治教育规律,进一步增强大学生思想政治教育工作的实效性。

第二节 国内外相关研究综述

自辅导员制度出现以来,伴随着时代的变迁和辅导员队伍的不断壮大,学界对辅导员制度的关注和研究也在不断持续深入,积累丰富的研究资料,形成了一系列丰富的研究成果。

纵观国内外现有的研究资料和研究成果,既为下一步的研究奠定了良好的发展基础,同时也成了下一步研究顺利开展的新起点。

(一)国内研究现状

新民主主义革命时期出现的在军队中的政治指导员,其职责是在军队专门从事思想政治教育工作,其形成和发展为新中国成立后高校辅导员制度的产生和发展提供了重要的理论依据和实践经验。1953年4月,著名教育家、革命家、时任清华大学校长蒋南翔提出并建立"双肩挑"模式的政治辅导员,为辅导员队伍建设主要模式类型的设立奠定了基础。1961年9月15日,经中央庐山工作会议讨论,中央政治局党委扩大会议通过了《教育部直属高等学校暂行工作条例(草案)》,该条例明确指出:"为了加强思想政治工作,在一、二年级设政治辅导员或者班主任,从专职的党政干部、政治理论课教师和其他青年教师中挑选有一定政治工作经验的人担任。同时要逐步培养和配备一批专职的政治辅导员。"在中共中央文件中第一次正式提出要在高等学校设置专职政治辅导员,辅导员制度得到了丰富和发展。[①]《中共中央、国务院关于进一步加强和改进大学生思想政治教育的意见》(中发〔2004〕16号)出台伊始,学界对高校辅导员职业化问题的研究不断系统深入,结合高校学生思想政治教育和管理工作实际,围绕队伍职业化建设的价值意蕴、体系建设,以及辅导员选聘考核、培养发展等研究方向开展深入研究,产出

---

① 参见张蕾:《中国高校辅导员制度的历史演进与发展研究》,《读与写(教育教学刊)》2011年第3期。

了一批丰硕的理论成果。通过对中国知网检索结果和总体计量可视化分析结果可知，学界对高校辅导员队伍建设的研究自2004年至今呈现出"快速上升到平稳保持、再到缓慢下降"的总体趋势。

学界围绕"高校辅导员队伍建设"主题开展的研究丰富多元，结合新时代教育改革特定背景开展的研究则相对较少，直至2017年以后，整体才呈现快速上升的趋势。综合目前学界的研究情况，主要集中在以下方面：

1. 关于高校辅导员队伍建设的历史演变研究。依据不同时期辅导员的角色定位、建设目标、建设成效等，将队伍建设划分成不同的历史阶段。如，有学者认为："我国高校辅导员经历了军事指导型、思想改造与政治工作型、德育管理型、立德树人型等四个阶段"（段园园）。[①] 有学者以新中国成立为历史节点，把辅导员队伍建设划分为初创时期、基本形成、曲折发展、恢复重建、专业化探索、专业化职业化建设初期、专业化职业化深化建设等七个阶段（李永山）。[②] 这些研究成果系统梳理了辅导员队伍建设的历史演变进程，尤其是关于在队伍结构、制度机制等的总结，为新时代高校辅导员队伍建设提供了重要参考。

2. 关于加强新时代高校辅导员队伍建设的意义研究。从辅导员队伍所担负的历史使命、落实立德树人的根本任务等方面，对队伍建设的意义进行探究。如，有学者认为，"高校辅导员队伍的专业化发展是新时代高校为党育人、为国育才的使命和担当的必然要求。"（黄永斌）[③] 有学者认为，"新时代是高等教育立德树人的历史新方位，辅导员队伍作为思想政治建设的骨干力量，对于培养担当民族复兴大任的时代新人任重而道远。"（符成彦）[④] 还有学者认为，"加强辅导员队伍建设，是加强和改进大学生思想政治教育、维护高校和谐稳定的重要组织保证，对于全面贯彻党的教育方针，把高校思

[①] 参见段园园：《高校辅导员队伍建设的历史演变及其经验启示》，《开封教育学院学报》2018年第9期。

[②] 参见李永山：《新中国成立70年来高校辅导员队伍建设主要矛盾演进与新时代的发展逻辑》，《高校辅导员》2020年第1期。

[③] 参见黄永斌：《新时代高校辅导员队伍专业化发展的内在逻辑与进路》，《高校辅导员》2020年第1期。

[④] 参见符成彦：《新时代高校辅导员队伍建设的价值取向及实现路径》，《学校党建与思想教育》2018年第8期。

想政治工作的各项任务落到实处，具有十分重要的意义。"（陈垠亭）[1] 从这些学者的研究可以分析得出，加强新时代高校辅导员队伍建设既是落实立德树人的根本要求，也是辅导员个人职业发展的迫切需要。

3. 关于新时代高校辅导员队伍建设取得的成效研究。主要从顶层设计、制度机制、职业发展等方面，凝练新时代高校辅导员队伍建设所取得的成效。如，有学者认为，"高校辅导员队伍建设的主要成就体现在能力显著提升、激励机制明显增强、文化建设明显加强、培训渐成体系四个方面"。（严运楼）[2] 有学者认为，"十年来，高校辅导员队伍的年龄结构、学历结构、知识结构日趋合理，队伍的专业水平和职业素养不断提高，已步入专业化、职业化的发展轨道。"（冯刚）[3] 有学者等人则认为，"辅导员队伍的建设成就体现在'数量上从小到大，作用功能由单一到全面，整体素质由低到高，发展方式由外延式转为内涵式发展，发展道路由单一通道到双线晋升'等方面。"（叶绍灿、张金伟、李诗媛）[4]

4. 关于新时代高校辅导员队伍建设的现实困境研究。随着高等教育内涵式发展的不断深入，不论是内部还是外部环境，对于高校辅导员队伍建设都提出了更多新的问题和要求。如，有学者认为，"辅导员工作边界不清，工作内容琐碎，手机需要24小时开机，经常扮演'救火队员'的角色但成效显现不出来，久而久之就会影响到辅导员的职业成就感。"（张芳芳）[5] 有学者认为，"角色冲突使得辅导员成为了高校教师管理队伍中的弱势群体。"（李建）[6] 有学者认为，"由于角色紧张、冲突、错位、失败，容易产生辅导员的职业幸福感缺失、认可度（成就感）缺失、效能低下和持续性低下等困境。"

---

[1] 参见陈垠亭：《辅导员队伍专业化和职业化建设的若干思考》，《思想理论教育导刊》2007年第6期。
[2] 参见严运楼：《10年来辅导员队伍建设成效与再建设思考——纪念〈普通高等学校辅导员队伍建设规定〉颁发10周年》，《高校辅导员学刊》2016年第6期。
[3] 参见冯刚：《深化新时代高校辅导员队伍专业化职业化建设的逻辑理路》，《高校辅导员》2021年第2期。
[4] 参见叶绍灿、张金伟、李诗媛：《近10年来高校辅导员队伍建设的创新与发展——基于核心期刊所发表辅导员队伍建设相关论文的分析》，《山东青年政治学院学报》2016年第5期。
[5] 参见张芳芳：《高校辅导员职业困境与职业发展策略研究》，《职业技术教育》2011年第17期。
[6] 参见李建：《高校辅导员队伍职业化建设的角色差距和定位探讨》，《佳木斯职业学院学报》2016年第8期。

(陈晓梅)[1]全国高校辅导员工作会议指出,"高校辅导员要在'深化理论武装、提高工作质量、提升职业能力上'下功夫,切实提高工作科学化水平。"还有学者认为,"辅导员整天忙碌疲惫不堪,看不到自身未来的发展出路,在心理上很容易产生职业倦怠,导致职业归属感缺失,进而影响辅导员队伍稳定。"(朱静)[2]

5. 关于新时代高校辅导员队伍建设的路径选择和策略研究。有学者认为,"提升辅导员培训科学化水平,关注政策目标群体的个体选择,有效运用政策权威资源等是化解政策执行现实问题的有效对策。"(唐文红)[3]有学者则从不同主体之间的利益博弈角度提出,通过"加快制度完善与机制创新规范和引导博弈各方的利益关系,强化管理者的理性认识寻求专业化政策的价值认同,强化激励措施化解政府、高校、辅导员等多个利益相关者",以此解决个体理性与集体理性之间在政策执行和利益权衡与选择的冲突。(赵宏)[4]以上学者提出的对策都非常具有参考价值,给本文研究以重要的启示。

(二)国外研究现状

"辅导员(counselor)",又被译为指导者、咨询者。最初的雏形源于十四世纪英国牛津大学的本科生导师制,其主要职责是对学生提供各种各样辅导、帮助,积极与学生进行思想交流,有效解决他们生活、学习中的问题,满足其在发展过程中的合理需求,顺利完成学业。[5]1908年美国心理学家帕森斯在波士顿设立了第一家辅导中心,专门辅导青年认识自己的志向、能力和兴趣以便寻求合适的工作。随着高等教育的快速发展,学生事务管理工作的重要性日益凸显,1979年美国高等教育标准促进委员会(简称CAS)于2006年制定了《美国高等学校学生事务管理人员伦理标准》《美国高等学校

---

[1] 参见陈晓梅:《角色理论视角下高校辅导员的困境和突围》,《教育与职业》2016年第22期。
[2] 参见朱静:《高职辅导员职业化发展的现实困境与干预策略》,《学校党建与思想教育》2015年第24期。
[3] 参见唐文红:《浅析高校辅导员队伍建设政策执行面临的现实问题及对策》,《思想教育研究》2016年第12期。
[4] 参见赵宏:《基于博弈论视角的地方高校辅导员专业化政策执行困境及化解》,《学术论坛》2015年第1期。
[5] 参见刘国福、杨俊:《英国兰卡斯特大学本科导师制特点及启示》,《高等教育研究学报》2011年第1期。

学生事务管理人员行为规范》，①列名了高等教育学生事务专业工作人员需要具备的专业背景、一般知识、一般技能等，成为具有重要参考意义的行业指引。诸如Canleton College等高校更是明确地指出学生辅导员是学生在校园内寻求帮助的主要依靠者，是学习教育的推进者，是校园生活的顾问，是学校纪律与规则的遵循榜样及督促实施者等。早在20世纪五六十年代，为了适应社会对专门从事学生事务管理人才的需要，美国的一部分大学开设辅导员专业，随着专业建设的发展逐步形成"以学生的学习和发展为中心"的新理念，这也体现了辅导员角色定位从单一的"学生服务者"到"学生服务者和学生发展者"复合型发展的变化过程。之后，辅导员制度在发达国家和地区迅速发展起来。

从整体来看，学生事务管理在国外发展时间较长，诸如德国、法国等国家，由特聘的校外机构，或者一定的社会团体承担学生事务管理工作，正因为其管理不在高校，所以对我国的辅导员队伍建设借鉴意义较小。而美国、日本、英国等国家建设了专门的学生事务管理机构或者人员，其发展历程、队伍构成、管理机制等方面比较成熟，其管理模式、建设发展经验对于我国高校辅导员队伍建设具有一定的借鉴意义。

美国很多建立时间较早、发展较为成熟的高校，例如常春藤高校，历来重视学生事务管理工作，不仅建立了较为完善的管理机构，配备了专门的管理人员，并且注重管理人员职业化、专业化发展，不少高校除了提供职业技能培训和福利等，还专门为不同专业背景、兴趣爱好、实践经历的学生事务管理者建立完整的职业发展制度，诸如斯坦福大学在其《教职员工手册》中，明确了学生事务管理者的选拔招聘、考核晋升、职业发展等一系列政策标准，拓展了职业发展的空间，提供了更广泛的职业发展可能性，而这些高校的优秀做法也被传播到了更多国家和地区。

1951年，学生辅导员概念经由美国教育委员会下设的顾问委员会传播到日本的高等院校。1955年，日本成立了学生辅导员联合会。部分高校设立了学生事务管理的组织机构——学生部，将辅导员的职能则分解到学工部的不同科室中，为学生提供入学、教育、生活、保健、就业等方面的服务指导，管理规范化、系统化。1997年，日本明治学院大学教授AgnesM. Watanabe-

---

① 参见杨博惠：《论国际视野下高校辅导员"职业化"与"专业化"发展趋势》，《法制与社会》2013年第5期。

Muraoka围绕日本高等院校辅导员整体情况开始进行系统研究。2004年4月《关于新的国立大学法人形象》颁布，国立大学不再是政府直接管理下的行政组织，而是成为独立自主运营的法人实体，随着这一改革，学生事务管理工作队伍也进入到规范化、制度化建设的新时期。

1984—1989年间，英国学者Glynis M. Breakwell用长达5年时间，对20世纪60至80年代的辅导员工作文献进行了整理，并围绕辅导员工作效率问题进行了研究评述。通过5年间对7所高校265名受访者持续性的调研，从而收集掌握了关于高校辅导员市场需求的第一手数据，并围绕高校辅导员业绩评估问题开展了系列研究。

整体来看，尽管在社会制度、历史背景、文化底蕴等方面存在较大差别，在学生事务管理工作队伍建设的目标体系、工作内容等方面存在较大差异，但是国外关于学生事务管理者队伍建设的有益的经验做法，值得学习借鉴。

（三）研究现状评价

从研究现状来看，国内外学界对高校辅导员队伍建设的研究持续而深入，取得了丰硕的理论研究成果，为辅导员队伍专业化、职业化、专家化建设进程发挥了重要推动作用，为深入开展高校辅导员队伍建设理论研究提供了重要参考。但是，通过研究分析也可以看出，目前国内以"五育并举"为视域，从构建"五育并举"型辅导员队伍的角度进行研究的成果极少散见于少数学术期刊论文，未有相关理论著作。从现有的研究成果来看，存在的不足具体表现如下：

从研究视角来看，大多围绕推进专业化、职业化角度开展研究，对辅导员队伍当前存在的问题、辅导员队伍专业化职业化发展问题等研究存在较多的相似和重复。以"五育并举"为视角开展辅导员队伍建设研究，尚未见较为完善、成熟的理论，个别文章将"五育并举"与"辅导员队伍建设"作为两个平行化的概念进行阐释，未能有效融合，存在无法实现逻辑自洽的情况。

从研究内容来看，对高校"五育并举"型辅导员队伍建设研究尚未成熟，开展历史研究、描述性研究、比较研究、个别性问题研究较多，对现实问题关注度不高。目前对"五育并举"型辅导员队伍建设的研究处于初探阶段，较为零散，缺乏充分系统的研究。

从研究方法来看，研究方法相对单一，文献研究使用频率较高，而调查研究、实证研究较为缺乏，综合运用多学科理论知识开展研究尚不充分，因此缺乏系统的学理支撑。高校"五育并举"型辅导员队伍建设既是关于高校思想政治教育的命题，也是辅导员自身发展的命题，涉及思想政治教育学、社会学、管理学等各学科知识的综合运用，研究方法不充分、理论支撑的缺失一定程度上制约着研究的全面深入。

综上所述，目前学界特别是国内学术界在研究的内容、视角与方法上，并没有取得明显的进展，聚焦"五育并举"型辅导员队伍建设成效和困境方面的研究成果鲜见，对问题根源的分析，以及对策措施的针对性、实效性和可行性研究相对薄弱，有必要进一步深化研究，而这也是本选题的价值所在，也必将成为国内外学界未来研究的焦点。

随着高等教育的跨越式发展，从学校、学生、社会三个维度来看，都呈现多样化，辅导员队伍建设面临更多新的问题和挑战，不仅辅导员角色定位从最初单一的"政治引路人"逐渐发展为集学生思想政治教育和管理为一体的复合型，工作职责、工作领域也在不断地发展变化，因此，梳理国内外学者关于辅导员队伍建设的理论研究成果，有助于丰富夯实本研究的理论基础，并且提供理论启示和借鉴。

第三节　研究内容、思路和方法

一、研究内容和思路

围绕"五育并举"型辅导员队伍建设"是什么""为什么""怎么样""怎么建"等关键性问题，通过理论、调查、实证相结合的方式进行系统研究，力求从理论认识、实践操作层面上凝练出新的规律性认识，提出新的见解。

一是研究"五育并举"型辅导员队伍建设的基本概念。厘清概念，明晰特征，才能更准确地发现和解决问题。通过"五育并举"型辅导员队伍建设相关概念阐释和特征解析，掌握其内涵、特征以及内部结构关系，构建"五育并举"型高校辅导员队伍建设的模型，探寻其理论基础，分析其时代背景和价值意蕴，明晰"五育并举"型辅导员队伍建设"是什么""为什么"。

二是研究"五育并举"型辅导员队伍建设的发展沿革和现实状况。把握历史，掌握规律，了解现状，才能找准关键。通过回溯历史可见，辅导员队伍建设的实践经验和理论成果为开展"五育并举"型辅导员队伍建设奠定了良好的基础，提供了重要的参考。通过实证调查研究，可以获取队伍建设的第一手资料，并进行分析研究找出关键问题，辨清"五育并举"型辅导员队伍建设实际建设情况，厘清"怎么样"。

三是研究"五育并举"型辅导员队伍建设的基本思路和实践路径。抓住关键，找出问题，厘清思路，才能找准路径解决根本问题。在厘清基本理论，分析发展沿革和现实状况的基础上，从系统分析的角度，明晰"五育并举"型辅导员队伍建设的基本思路，对实践路径进行深入探讨，明确"怎么建"。

二、研究方法

文献研究法。前期进行大量的文献搜索，尤其是"五育并举""辅导员队伍建设"和"高校思想政治教育"相关的论文，以及党中央颁布的高校思想政治教育工作的相关指导文件及会议精神，为研究提供理论基础，理清思路、建构研究框架、确定具体的研究范围和研究内容。

历史研究法。从历史研究的角度考察高校辅导员队伍建设的历史沿革、经验做法及演变趋向，找出因果线索，研晰目前高校辅导员队伍建设现状的原因，在一定程度上研判队伍建设未来的变化和趋势。

调查研究法。围绕"五育并举"视域下辅导员队伍建设，通过调查问卷和访谈相结合的方式一定范围内开展调查研究，掌握第一手资料，充分把握"五育并举"型高校辅导员队伍建设的现状及问题，为研究提供基础依据和数据支撑。

系统研究法。从系统性、整体性视角，在充分梳理目前开展"五育并举"型高校辅导员队伍建设基本理论和实践问题的基础上，研究形成具有创新性和前瞻性的理论认识和实践方案。

第一章 "五育并举"型高校辅导员队伍建设的概念阐释与特征解析

第一节 "五育并举"型高校辅导员队伍建设的构成和特征

党的十九大提出"要全面贯彻党的教育方针,落实立德树人根本任务,发展素质教育,推进教育公平,培养德智体美劳全面发展的社会主义建设者和接班人"[①],充分体现了以习近平同志为核心的党中央对高校思想政治教育工作的高度重视[②]。高校辅导员是高校思想政治教育的主力军,在大学生日常思想政治教育和学生事务管理中发挥着十分重要的作用。

一、"五育并举"型高校辅导员的角色定位

自辅导员制度建立以来,作为开展大学生思想政治教育的一线主力军,辅导员工作一直推动着高校思想政治教育工作的进步。中共中央、国务院、教育部出台的关于高校思想政治教育工作的相关制度文件,进一步明确了高校辅导员的角色定位。随着社会的进步,时代的革新,我国大学生自主发展意识增强,发展内涵也逐渐丰富,原有的高校辅导员角色定位不足以满足新形势的需要。特别是在"五育并举"的新时代新任务的要求下,科学定位高校辅导员的角色内涵,是新时代高校辅导员队伍建设必须研究的新课题及思

---

① 参见杨兆山、时益之:《素质教育的政策演变与理论探索》,《教育研究》2018年第12期。
② 参见曹献坤:《聆听习近平总书记精彩报告 收获最触及灵魂的党性锤炼和精神洗礼》,《新教育》2017年第31期。

考的新问题,也是保障高校思想政治教育工作效果的需要。[①] 对于更好发挥高校辅导员的积极作用,严格落实"立德树人"育人工作,做好高校大学生的管理工作,建立一支能够推动高校"五育并举"育人工作的专业化、职业化、专家化的高校辅导员队伍具有重要作用。

(一)高校辅导员的角色定位

角色一词原本是指在戏剧演员中由于扮演的剧中人物不同,有不同角色,是个体在舞台上所代表的身份的象征。有学者认为:角色就是代表了人们在社会的发展过程中,不同时期所代表的不同身份,以及需要根据自身所扮演的角色来规范自身的行为的一种模式,是人对具有特定身份的人的行为期望,它构成社会群体活动组织的基础。学界对角色的概念解析各异,但关于角色三要素,即个体的社会地位、社会对个体的要求期望、个体的行为模式,是相对统一的。

角色的作用就是在社会的发展过程中对人进行的职能划分,人在社会生活中的地位,人与社会所产生的关系,人与人之间进行交往的身份,都是一种角色。角色的构成三要素也注定了不同的角色之间的区别在于其各自的特殊性,角色与角色之间是不完全相同的存在,社会的变迁无疑也会导致角色定位的变化。因此,社会角色在定位过程中,角色之间都有一种特殊的行为模式与之对应。

社会是一个统一整体,虽然存在很多角色,但角色与角色之间是不完全相同的存在。当个体在承担某一角色之后,往往需要将其推广开进而表现出该角色的特点。通常对角色所产生的期望,就是指角色在社会中根据社会的期望值以及社会在发展过程中所制定的一些规章制度,角色在这些制度的影响下进行的行为,就是社会对角色的期望。角色期望,代表着一定的期待值,是角色行为与社会结构之间的桥梁,因此个体的角色行为是否与其社会地位和身份相符,关键在其遵从角色期望的程度。而基于社会对角色的期望,就逐渐形成了角色规范,成为规定角色行为的规则(方式)。现实生活中,个体正是基于社会对角色的期望,依据一定的角色规范,来规范自己的角色行为,同时社会也正是依据角色规范,来评价个体的角色行为。

在不同的社会历史时期,根据不同的社会需要,高校辅导员角色定位有

[①] 参见李丽丽:《"三全育人"体系下高校辅导员角色定位与作用发挥》,《教师》2021年第17期。

着不同的内涵。自1953年"高校辅导员"这一角色出现在人们的视野，最初这一角色被定义为"政治辅导员"或是"学生政治辅导员"，是学生的"政治领路人"，1980年，教育部、共青团中央《关于加强高等学校学生思想政治工作的意见》，明确：辅导员是师资队伍的一部分，担负着全面培养学生的重担，高校辅导员就被赋予了"双重"角色。在1987年《中共中央关于改进和加强高等学校思想政治工作的决定》中指出对于辅导员实行教师聘任制，进一步表明辅导员的教师身份。再到学生日常思想政治教育和管理工作的组织者、实施者、指导者，以及学生健康成长的人生导师和知心朋友，[①]高校辅导员的角色内涵随着时代变迁在不断地变化和拓展。

2006年7月出台的教育部令第24号和2017年9月出台的教育部令第43号，都明确辅导员具有教师和管理者的复合身份，在高校学生日常思想政治教育和管理工作中，要担任好"组织者、实施者和指导者"的角色，其努力的目标是要成为"学生的人生导师和健康成长的知心朋友"，2018年全国教育大会提出"九个坚持""五育并举"等要求，在高校辅导员角色内涵日渐趋于稳定的过程中，"五育并举"已然成为教育改革新时代背景下的必然趋势，成为辅导员适应教育改革发展的新任务新要求，高校辅导员必须认清形势任务，找准自身定位，明确自身的作用价值，以及如何在具体工作中发挥自己的角色作用，这是高校辅导员高效履职的基础。

1. 高校辅导员不同于一般的任课教师

在高校全员育人的过程中，总的来说，高校辅导员与一般教师的作用都是为了培育学生，但是根本的职责却是不同的。高校辅导员是高等学校教师和管理队伍的重要组成部分，但是作为"教师"的辅导员与专任教师却是不同的角色存在。

高校辅导员的工作重心是为学生们的思想政治教育提供一定的辅助作用，教育引导学生树立正确的世界观、人生观和价值观，其工作内容包括学生思想政治教育、日常管理、党团建设、就业指导与服务、心理健康教育等。辅导员所从事的工作体现了学生工作的性质，是学校教育活动的重要组成部分，其工作内容和工作方式，明显不同于专任老师。

---

① 参见王彦庆、刘佳鑫：《"三全育人"视域下高校辅导员的角色定位与实现路径》，《黑龙江高教研究》第11期。

2. 高校辅导员不同于一般的行政管理干部

通常，一般的行政管理干部主要是为了加强学生的政治知识，而进行的引导，而辅导员肩负着重要的传播与管理职责。辅导员在学生的行为方面进行监督和管理，在党团和干部建设方面予以重要的辅助作用。不仅如此，辅导员也需要关心学生的学习、生活和工作，并为改善学生的学习、生活和教育条件向学校提出积极建议，同时落实国家资助贫困生的各项政策及做好学生成才指导、就业指导与服务等工作。

辅导员工作性质的特殊性，决定了其工作主要是通过学校统筹资源来进行分工和配置，进而促进学生的全面发展，为社会培养出更多人才。辅导员工作是以一种以特定方式推动和全面提高学生素质为根本任务的教育活动。不仅要用自己的知识、经验和感悟辅导学生，寓教育于引导之中，也应该以指导学生发展为主体工作，寓指导于辅导之中，以学生事务管理为基础工作，寓管理于服务之中。

通过上述论证可以得出，辅导员工作是与一般的教师工作不同，也区别于管理干部工作，总的来说就是一种独立存在的职业。他们的存在是为了指导大学生政治教育和日常的思想工作教育，对学生进行心理疏导和健康教育，帮助学生进行学习规划、职业生涯规划，给予学生就业指导，为困难学生提供帮助咨询和服务工作，其理念是为了服务学生、指导学生、促进学生全面发展与健康发展的重要存在。

（二）"五育并举"型高校辅导员的角色定位

角色扮演（Role Playing）通常是指个体根据自我在社会中的需求以及自我的定位等要求，来调节自己的一个行为过程。角色扮演是个体社会化的基础，也是个体相互作用的过程。每一个个体都处于社会关系网络之中，占据着多个社会为之规定的位置，具有多重社会角色。高校辅导员也具有多重社会角色。

高校辅导员要深刻认识到"五育并举"的深层次内涵，把握思想政治工作规律、学生成长规律，树立"五育并举"理念，认识到"五育"在实践教育中本就是完整一体的活动，德智体美劳五育的划分只是一种理论的抽象。即使每个人的全面发展是有个性的充分自由的发展，但建立一个全面培养的教育体系是非常重要的。高校辅导员在构建"五育并举"体系中发挥示范引领作用，深刻认识德育铸魂、智育固本、体育强健、美育浸润、劳育淬炼的"五育并举"理念在落实高校立德树人根本任务的重要性。

1. 革新理念，践行"五育并举"。理念是方向和行动的向导。转变理念，克服困难，发挥育人主动性。一是，辅导员坚持深入学习领会习近平总书记关于教育工作的重要论述，全面贯彻党的教育方针，将新时代教育评价改革对高等教育提出的新要求、赋予的新内涵转化为育人工作的思想纲领、行动指南和生动实践。二是，辅导员作为思想政治教育工作者，要充分认识"五育并举"理念的具体内涵，围绕立德树人根本任务，确立培养德智体美劳全面发展的社会主义建设者和接班人的人才培养目标。德智体美劳是不可分割的整体，必须坚持五育并举、立德树人，相互渗透、有机融合、协调发展。三是，高校辅导员要切实提高站位，"五育并举"与立德树人所追求的目标任务是同向同行的，都是辅导员开展日常思想政治教育工作的指南。四是，辅导员应革新工作观念，构建"德、智、体、美、劳"一体化的育人体系，把理想信念教育与知识传授、能力培养有机结合，把五育融合工作理念贯穿到辅导员工作中。

2. 笃行实践，引领"五育并举"。辅导员工作在一线，是与大学生接触频率最高、联系次数最多的思想政治教育工作者，因此辅导员要立足本职，充分发挥自身优势，做到"以我为主"，将"五育"融合实践。一是高校辅导员要牢记角色定位，成为"五育并举"体制机制建设的推动者、协同者。"五育并举"是系统工程，需要各方面力量协同运作，辅导员既要融入其中，发挥关键性主导作用，同时要推动沟通协同，协调共进，同向而行。二是高校辅导员要强化主体地位，成为"五育并举"实施的主导者。要充分发挥大学生思想政治教育的引领者，要结合大学生成长成才的一般规律，整合、优化育人资源开展思想政治教育工作，做"五育并举"有机融合的主导者，积极作为。三是高校辅导员要发挥居间优势，成为"五育并举"融合的链接者。辅导员要搭建学生与学校、学生与社会和学生与家庭之间的沟通桥梁，通过进课堂、进宿舍、进园区，与学生导师、思想政治教育理论课教师、专任课教师等加强沟通和交流，充分发挥第一课堂课程育人、科研育人、第二课堂实践育人，以及管理育人、服务育人等功能。

3. 多元协同，推动"五育并举"。高校要紧紧围绕立德树人根本任务，加强统筹规划，整合优质资源，推进"五育并举"，切实提高育人实效。一是要落实主体责任，推进上下联动。构建新时代高校"三全育人"体系要求高校育人主体要"全员化",不仅是辅导员、专任教师、学业导师、成长导师、班主任、家长,以及包括先进人物、业务领域专家等在内的特聘导师,都是育人主体,多元化的育人主体才能构建起多位一体的学生教育管理服务体系,紧紧围绕立德树人根本任务,在"五育并举"工作推进中凝聚力量、发挥实效。二是要理顺主次渠道,整合育人资源。第一课堂是大学生思想政治教育的主渠道、主阵地,兼职辅导员包括思想政治教育理论课教师、专任教师、学业导师等都可以通过思想政治教育课、"形势与政策"课、心理健康教育课等,充分发挥课堂教学育人的重要作用。专职辅导员、成长导师、班主任、特聘导师等则可以通过第二课堂和诸如主题党(团)日、主题班会、社会实践活动等日常思想政治教育活动相结合的方式,深入挖掘各类育人资源,运用线上线下各类育人载体,提高以文化人的育人实效,努力构建多元一体的学生素质拓展能力提升体系。[①]三是要推动队伍一体化,优化育人环境。育人环境是大学生教育教学的重要场域,直接影响着大学生成长成才的效果。辅导员是开展大学生思想政治教育的一线工作者,是连接学生与学校、学生与家庭、学生与社会的桥梁,这也决定了辅导员在推动"五育并举"融入大学生思想政治教育中具有至关重要的作用。要通过家校联动、校地合作、校企合作等方式融合学校、家庭和社会三方育人合力,推动高校育人队伍一体化,构建多元一体的育人环境。

4. 把握规律,融汇"五育并举"。作为辅导员要科学把握学生成长规律,根据不同阶段、不同类型的学生特点,将"五育并举"融会贯通到学生的教育培养工作中,不断提高育人工作的专业化水平。一是分时分段融汇"五育并举"。对不同学段、不同年级的学生,具有不同的心理特征和成长需求,因此应该开展分层分类的思想政治教育,要明确不同的教育目标和内容,采用不同的方式方法,例如:对于初入大学的大一新生,需要开展适应性教育和成长规划教育;对于大二、大三年级的学生,需要开展素质能力拓展和职业发展规划教育;对于大四年级、研究生学阶的学生,需要开展就业指导教育。二是分层分类融汇"五育并举"。将"五育"融入大学生思想政治教育,对于进一步创新丰富育人工作的方式方法意义重大,例如:第一课堂思政课程和融合思政的专业课,是德育教育最重要的平台,也是思想政治教育的主阵地。辅导员可以通过形势政策课,以及与专任教师共同开展德育互动课、与

---

① 魏金明:《"三全育人"背景下高校辅导员新使命与角色定位》,《思想理论教育》2020年第2期。

研究生导师协同配合等方式，进一步提升德育教育的效果。第二课堂是体育、美育和劳动教育的主要渠道，通过发展体育项目、建设体育团队、开展体育活动，通过开展丰富多次的校园文艺活动，通过开展形式多样的劳动实践活动，进一步强化体育、美育和劳动教育的实效。此外，还可以通过志愿服务、教育教学实践、主题班会、主题党（团）日等活动，进一步拓展思政教育的路径。三是要拓展"五育"的广度和深度。"五育"除了通过在校教育教学，还可以利用竞赛比赛、实习实践、社会调研、"三下乡"等志愿服务等形式多样的实践活动，加强学校与社会、学校与单位的协同联动，将育人工作由校内延展到校外，形成紧密相连、逐层递进的闭环。针对当下大学生群体使用频率最高的网络平台，辅导员要主动占领网络主阵地，积极开展网络思想政治教育，打通"五育"的线下线上融会贯通。

二、"五育并举"型高校辅导员队伍的构成

（一）高校辅导员队伍的构成现状

1. 高校辅导员队伍的总量不足

从辅导员队伍人数规模上看，2017年出台的《普通高等学校大学生辅导员队伍建设规定》（以下简称《规定》）中明确指出，高等学校应按总体师生比不低于1∶200设置专职大学生辅导员岗位。其中更是明确要按照专兼结合、以专为主的原则，足额配备，体现出我国对高校辅导员队伍数量上的总体要求。在相关国家政策的推动之下，高校辅导员招聘名额在不断增多。根据有关部门数据显示，截至2022年7月，全国高校专兼职辅导员共有24.08万人，平均总体师生比为1∶171。从总体来看我国辅导员队伍人数配比上仍有较大的不足。

此外，国家教育行政学院曾进行过一次广泛的问卷调查，以便更为全面的了解高校辅导员队伍的建设情况。结果显示：严格按照200名学生以内标准配置相应数目大学生辅导员的高校占被调查总量的33.8%，也就是说只有三分之一的大学达到标准；超过标准配置的占66%，其中较大规模超过标准配置的约占31%，严重超过标准配置的达10%以上。[①] 从调查结果来看，极

---

① 孟煜杰：《新时代高校大学生辅导员职业发展与规划研究》，《兰州文理学院学报（社会科学版）》2022年第4期。

大部分高校辅导员工作任务远远超出常规。目前不少高校采取专兼职相结合的方式来减轻工作压力，但兼职辅导员往往是在校研究生，本身为学生身份，加之社会阅历不足、工作经历有限，时间精力分配不足，也难以起到主力作用，甚至需要分散专职辅导员部分精力，对其予以指导、兼顾、代管，反而进一步加重了专职辅导员的工作压力。与此同时，辅导员作为学校最基层的管理人员，事务性工作牵扯大量的精力，同时还时常被交办一些工作事项，较难集中精力去探索开展具有前瞻性、开创性的工作。

2. 高校辅导员队伍专兼辅导员比例失衡

《规定》明确要求高校辅导员的岗位设置以专为主、专兼结合、保证辅导员"同工同酬"，但根据实际情况往往达不到绝对。调查了解发现：仍然有高校无法常态化保持按照1:200的总体师生比设置辅导员岗位，有的高校虽然按照1:200的总体师生比设置了岗位，但是无法保证辅导员的足额配备。为了保障学生教育服务管理工作的正常开展，会通过用好用足"专兼结合"原则，聘任兼职辅导员、配备辅导员助理等方式，来解决专职辅导员人数不足的现实问题。但是因为兼职辅导员、辅导员助理在职业性专业性方面的欠缺，所以往往承担的是大三、大四以及研究二、三年级等学生课业压力较小、学生不会常态化在校的年级，总体而言，工作量和工作压力较小，因此对应的薪资待遇会区别于专职辅导员。差异化的薪资待遇也成了影响兼职辅导员队伍建设的关键因素，导致兼职队伍甚至比专职队伍更加难以稳定，无法保证辅导员队伍按照职业化专业化的建设目标快速发展，对学生的成长成才也会产生负面影响。

3. 高校辅导员队伍构成的学历、年龄结构及职称结构

首先，查阅各高校招聘辅导员要求时，可以发现当前高校普遍要求中共党员（或预备党员）、研究生或以上学历、在学校担任过学生干部等宽口径条件，无专业限制，为典型的宽口径招聘方式。在学历限制上，除一些重点高校，如"985""211"院校在招聘辅导员时，对应聘人员的学历学位有较高要求，必须部属院校毕业、全日制硕士以上等，一些地方院校，特别是职业或专科类高校和个别普通本科院校，学历要求偏低，全日制本科以上就可。基于2019年贵州高校的调查数据显示：专职辅导员具有博士学位的人数稀少，其中本科院校专职辅导员具有硕士学位的人数最多，占到了63.5%，而博士学位的人数仅占到2.3%。至于高职专科院校专职辅导员中具有博士学位的人

数就更少了，仅占0.08%，同时具有硕士学位的辅导员也仅有25.4%。不同高校筛选进入辅导员队伍的人员因"入口关"的标准不一，致使校际间辅导员队伍，在起点和素质能力方面已有较大差别。在专业上，招聘入职的辅导员中非思政类专业、非师范类专业人员较多，尤其缺少思想政治教育、心理学相关专业人才。虽然大多数新进人员学科理论基础较为扎实，但知识结构较为单一，复合型人才较少，不能有效运用科学理论对学生日常管理、学生日常思想政治教育、心理健康教育等提供专业指导。例如，有的辅导员专业基础与所带院系专业有较大差异，无法为学生提供专业方面的有效指导。有的辅导员应聘考试时对学生教育管理工作的课程知识学习流于表面，不足以支撑实际的学生教育管理服务工作。有的辅导员工作性质特殊、边界不清，本身承担了繁重的工作任务，入职之后身陷冗杂的事物工作中，很难保证足够的时间和精力投入专业化学习中，导致专业化水平提升困难。

其次，根据有关调查显示，不少高校辅导员的年龄结构呈现"两头大，中间小"，年龄结构不合理。工作年限通常在1~8年，8年以上工作经验的人数较少，且高校辅导员无论年龄大小，基本一毕业即担任辅导员，缺乏人生阅历和工作经验，年龄较大的辅导员工作年限长但职业热情低。此外在高校辅导员队伍当中，女性辅导员较多，男性辅导员欠缺，根据有关数据显示，女性占比甚至一度高达近90%，由此可见辅导员队伍性别比例严重不平衡。（为了保障具体数据的准确性，本书将通过专题问卷开展调研）

最后，当前高校辅导员的职称结构与学校教职工职称结构不匹配，高校辅导员队伍中，初级职称占大多数，中级职称、高级职称较少。有数据显示：专职辅导员中，具有正高职称占1.4%，副高职称占10.9%，中级职称占31.8%，助教和无职称人数占56%，没有评职称或者为初级职称专职辅导员占到50%。专职辅导员中处级职务占12.1%，科级职务占22.4%，无职务占65.5%，一半以上的专职辅导员没有职务职级，有职务职级的专职辅导员大部分为院系党委（党总支）副书记和院系学工组长（学生科长）、团总支书记。由此可见，当前高校辅导员队伍结构在职称上也与其他教师类人员有较大的差别，这种不公平的考核方式，也会影响到整个队伍的士气。

4. 高校辅导员队伍构成的稳定性不足

"稳定性"是保障一支队伍生存和发展的基础。要实现高等教育质量的稳步提升和高校学生全面发展必须保证辅导员队伍的稳定性。但目前看来高校辅导员队伍呈现不稳定、流动性大等特点。这不仅会增加高校招聘成本，新辅导员也无法获得资深辅导员的宝贵经验。分析其原因，主要归结为以下两点。首先，从职业入口来看，许多刚毕业的研究生只是将辅导员工作作为自己职业发展的过渡阶段，试图通过岗位分流的方式转到其他岗位，导致辅导员岗位并非职业终点，而沦为职业"跳板"。其次，辅导员具有教师和管理人员的"双重"身份，导致辅导员工作边界模糊，工作范围广、工作内容杂，表现为超负荷的工作任务，相应的报酬却与之不匹配，努力—回报失衡严重，让不少人想要"逃离"辅导员队伍，对该岗位的认同感较低。最后，上述《规定》明确提出高校辅导员可以在教师专业技术职务和行政职务上"双线晋升"，对辅导员职称评聘实行标准单列、指标单列、评审单列，但众多高校并没有将这些政策落地落实，让许多人觉得前途迷茫。有学者就此提出"双线晋升悖论"，辅导员职务职称晋升难度大，是导致辅导员队伍人才流失严重的重要影响因素之一。

（二）高校辅导员队伍的构成改进

1. 选优配足，扩大辅导员队伍规模

一名专职辅导员负责管理 300~400 名学生的现象屡见不鲜，针对多数高校都存在专职辅导员配备数量不达标的情况。高校要将辅导员配备工作的重要性拔高到发展战略和事业全局的高度。首先，坚决按照上级有关规定配备高校辅导员，且须配置专门编制，防止因非编聘用高校辅导员导致队伍不稳定、工作不上心，加强思想政治教育、教育学等相关专业高校辅导员配备或相关素养提升；采取公开招聘、多方选拔、竞争上岗、组织推荐、引育并举等方式，建设一支政治强、业务精、作风正、素质优的高校辅导员队伍；在人才引育过程中，着重考察政治信念、思想素养、知识结构、工作方法、管理艺术、学习能力、协调水平、沟通能力；坚持动态开放管理，加强高校辅导员岗位所需的背景、思想、行为、心理等特性考评，把难以胜任岗位的人员清理出高校辅导员队伍，把工作热情、素质优良的人员吸纳进来，做到可进可出、能上能下，选优、配足、配强专职辅导员队伍，打开辅导员工作格局，让辅导员可以尽情施展才华，刺激良性竞争，让优质员工不断涌现。增强辅导员队伍的职业认同，在学校绩效考核中，公平对待授课老师和辅导员，让他们享受到平等的社会声望和社会地位，做好辅导员群体的职业生涯规划，增强留职意愿，有效降低留职率。缓解辅导员队伍人员短缺的矛盾，只有这样，辅导员才能将更多的时间和精力放在学生身上，确保专职辅导员队伍的规模结构和能力素质满足新时代高校高质量发展的客观需要，培育又红又专的大好青年。

2. 优化高校辅导员队伍成员结构

发挥年龄互补的优势。年轻辅导员思想活跃、精力充沛，比较容易贴近学生、融入学生，但是相应的，学生教育管理服务工作经验较为缺乏。在实际工作中，可以通过老中青辅导员的组合搭配，发挥年纪较大的辅导员丰富的经验，发挥年轻辅导员与学生的融入度，融合发挥互补优势，以便更好地做好学生教育管理服务工作。

优化队伍的职称结构。充分发挥高级职称辅导员的"传帮带"作用，通过辅导员工作室、思政项目等，带动更多的辅导员加强科研，提升职称。同时，高级职称辅导员也可以通过与更多辅导员的交流沟通，取长补短，更好地提升科研水平和质量。

多元丰富队伍结构。可以建立包括学业导师、成长导师在内的兼职辅导员队伍。学业导师可以聘任硕士生导师、思政课专任教师、专业课教师等，以便为学生提供更为专业的学业帮助和指导。成长导师可以聘任班主任、实务领域的专家、"时代楷模"等先进典型人物，可以遴选优秀的在读研究生担任，更好地发挥协同育人的实效。

3. 完善高校辅导员晋升和培训体系

开展多元培训。应该结合辅导员的学历特征、心理特征、科研能力、从业情况等，开展常态化与专题化相结合、学历教育与进修教育相结合、线上教育与线下教育相结合的培训，还可以有针对性地开展国内外访学、对口帮扶、挂职锻炼等专项素质提升工程，从而构建分层分类多元化的培养培训体系。

创新激励机制。应该充分发挥激励机制对辅导员工作认同感获得感的影响力，应该进一步完善量化考核指标体系，坚持以正面清单激励为主，同时辅以负面清单的鞭策作用，切实发挥考核的激励引导作用。同时应该坚持物质激励与精神激励并重，让优秀的辅导员在精神上获得鼓励。

三、"五育并举"型高校辅导员队伍的特征

(一)以思想政治教育为主线

新中国成立后,清华大学校长蒋南翔于1953年率先在清华大学建立了政治辅导员制度。《教育部直属高等学校工作条例》明确提出,为加强学生的思想政治教育,需要设置高校辅导员,这也证明了高校辅导员设置的初衷是提升学生的思想教育工作质量。[1]我国高校区别于其他大学的重要本质特征之一是对在校大学生进行思想政治教育。

1. 思想政治教育是高校辅导员的根本责任和使命

辅导员工作必须将思想政治教育工作贯穿始终,回答好"培养什么人""如何培养人""为谁培养人"这三个问题。辅导员作为高校从事思想政治教育工作的中坚力量、骨干力量,必须紧紧围绕落实立德树人根本任务,学思践悟不断提升理论素养和业务能力的同时,更要以培养和践行社会主义核心价值观为主线,围绕爱国主义教育、理想信念教育、中华优秀传统文化教育,通过主题党(团)日活动、主题班会、社会实践等方式方法,开展分层分类、多元化的思想政治教育活动,让学生更加科学、客观地看待世界发展大势,立足中国国情、扎根中国大地,了解世情、民情,从而进一步坚定"四个自信",牢固树立"四个意识"。

2. 回应学生发展需求,培养担当民族复兴大任的时代新人

大学生处于人生的拔节孕穗期,具有活跃的思维、非常强的可塑性。在"五育并举"的视域之下研究大学生思想政治教育,要回应学生发展需求既契合新时代青年成长成才的内在诉求,更是培养担当民族复兴大任的时代新人的根本要求,因此,辅导员除了要教育引导青年学生增长其知识见识,开阔其眼界,增强其综合素质,练就过硬的本领,更要教育引导其加强品德修养,坚定理想信念,厚植爱国主义情怀,磨砺其时代担当。

3. 在"第二课堂"贯通融入思想政治教育

"第一课堂"主要通过思想政治教育课程、以及融入思想政治教育的专业课程开展青年学生的"德育"和"智育"。涵盖本科生导师、硕士研究生导师、专任教师在内的学业导师,通过学业指导、成长规划、就业指导等,持续对青年学生开展"德育"。"体育""美育""劳动教育"主要通过"第二课堂"

---

[1] 王潇潇:《浅谈高校辅导员队伍建设》,《辽宁师专学报(社会科学版)》2022年第3期。

开展，除了开设体育、美育、劳动教育的专业课程，组织开展实践教育，辅导员、涵盖心理健康教育教师、就业指导教师、实务领域专家、先进典型人物、优秀研究生等在内的成长导师，还可以通过主题班会、主题党（团）日、社会实践、志愿服务等，开展对青年学生的教育引导，回应学生对德智体美劳全面发展的成长需求。

（二）日常职责的基础综合性

高校辅导员的基础综合性体现在解决学生的思想问题、回应学生的需求和期待的日常中。高校辅导员队伍工作的对象是青年学生，学生发展需求不仅限于提升综合素质，更是渴望德、智、体、美、劳"五育并举"全面发展。教育部令第43号明确了辅导员工作九大职责，实际上，与学生成长成才教育引导相关的主要活动都与辅导员密不可分，这就要求辅导员应该具有较高的综合能力，具体体现在：

1. 突出的教育引领能力

作为辅导员这是应具备的最核心、最重要的能力，只有辅导员具备较强的政治素养，熟悉掌握马克思主义中国化的理论知识、思想政治教育基本知识并加以运用，才能更好地教育引导学生树立正确的世界观、人生观和价值观。为了更好地加强与学生的联系，辅导员还应在具备良好的职业素养，掌握必备的职业技能的基础上，培养良好的交流沟通能力，与学生建立彼此信任的亲密关系，帮助学生及时解决困难和问题，帮助学生正确理解、科学看待，及时帮助学生答疑解惑、化解矛盾纠纷。同时，辅导员还应学思践悟，具备较强的转化运用能力，要将思想政治教育理论知识通过多元化的方式，转化运用到指导实践、服务工作中去。为了适应信息化网络化时代学生思想认知多元化、信息来源多样化的客观形势，辅导员还应通过新媒体、新技术手段，加强对青年学生的网络思想政治教育引导。

2. 高效的管理能力

学生教育管理是辅导员日常工作主要内容，面对纷繁复杂的管理工作，辅导员必须找准切入点，掌握科学方法，才能进一步提高教育管理能力。例如，在党（团）组织建设和班级管理工作中，辅导员要建立健全管理机制，遴选培养优秀的学生骨干，发挥党员学生、优秀学生典型人物的示范引领作用，进一步提升学生自我管理和自我服务的能力。在对重点关注学生的帮助方面，辅导员要积极主动地与专任课教师、学生骨干以及重点关注学生同班级、同寝室学生建立良好的沟通协调关系，通过多渠道、多元化地开展学生的关心关爱，及时帮助学生解决困难和问题，更好地预防危机事件的产生。

3. 较好的指导能力

辅导员应根据不同阶段、不同类型学生的特点，做好相应的指导工作。例如：2020年《中国城镇居民心理健康白皮书》显示，当前大学生心理健康问题突出，抑郁、焦虑等负面情绪，成为影响大学生学业和生活的重要因素。因此，辅导员在日常的教育管理中，要加强对学生开展心理健康教育，定期组织学生开展心理测评，对测评中发现的需要重点关注的学生，协同专任的心理健康教师进行动态的心理健康辅导，帮助学生及时化解问题，预防危机。对于大一入校的新生，要加强成长规划的指导，引导帮助学生树立正确的学习理念，做好自身的成长规划；对于大二、大三的学生主要引导开展专业技能的提升和探索，做好职业发展规划；对于大四的学生主要做好就业指导。

4. 持续的学习力

辅导员的职业化、专业化发展，必须开展持续性、深入性的学习培训、理论科研和实践锻炼，不断提升学习、科研和实践能力，才能更好地、创造性地开展工作。挖掘自身专业特长和擅长领域，不断探索科学的工作规律方法，是辅导员提高自身学习能力的重要途径。在开展日常教育管理工作中，要不断总结凝练经验做法，通过参与科研项目、参加学术交流，以及开展辅导员沙龙交流分享等方式，开展理论科研和学术研究。同时，还应该通过国内外高校交流访学研修、挂职、借调等，不断提高实践能力。

（三）"五育并举"系统下的协同育人

1. 高校辅导员队伍与思政课专任教师的协同

辅导员和思政课专任教师从事的都是学生的思想政治教育工作，都围绕立德树人根本任务，把思想政治工作贯穿教育教学全过程，通过"五育并举"实现"三全育人"。因此，必须充分发挥两支队伍的特长，在育人过程中同向同行、优势互补，才能不断开创思想政治教育的新气象。

思想政治教育理论课专任教师往往更注重基础科学研究，关注的点集中在"如何上好一门课程"，因此更多会把精力投入在理论知识、典型案例等的储备上，对学生思想动态的关心关注非常有限，容易忽略学生的现实需求，不能及时关注到学生的关注点，甚至痛点、堵点究竟在哪里，因此，思想政治教育理论课教学往往缺乏针对性和吸引力，不能"抓"住学生关心关注的关键点，不能以课堂教学获得学生的认同，育人实效性不足。通过与辅导员进行交流，思想政治教育理论课专任教师可以更深入地了解学生的思想动态，以此提高育人的精准度。而辅导员专业背景的多元化，且其工作涉及学生教育管理服务的方方面面，内容纷繁琐碎，牵扯大量时间精力，所以相应的在理论知识的学习积累，尤其是用马克思主义基本原理科学系统地开展思政工作方面，较之思想政治教育理论课专任教师就要薄弱很多。

在开展育人工作过程中，辅导员通过和思想政治理论课专任教师交流合作、协同配合，不仅可以不断提高理论水平，更好地运用马克思主义的方法原理指导实践育人工作，提升科学育人水平，还可以进一步加强科研能力的培养，学思践悟，将育人实践凝练转化为理论成果。同时，思想政治理论课专任教师也可以通过与辅导员的交流，更加深入地了解当前学生的特点、实际需求和困难，在进行思想政治理论课程的设计、规划时更好地以"学生"为出发点，更贴近学生的所思所想，更符合学生的成长发展规律，从而更好地发挥专业课这一思想政治教育"主阵地"的作用。

2. 高校辅导员队伍的团队协同

高校辅导员队伍是建立在辅导员个体自主发展的基础上，为了更好地推动工作、促进管理，提升育人的整体水平和质量，基于学科知识互补、兴趣爱好共通和团队协作互进，由高校辅导员组成的群体。一方面，伴随新时代高等教育的快速发展，针对学生成长发展的特点、需求，对学生工作专业化、职业化、精细化的要求越来越突出，辅导员作为学生工作的核心力量，其职责定位、职业发展都会相应地调整变化，因此除了专职辅导员以外，还出现了包括学业导师（本科生导师、研究生导师、专任课教师）、成长导师（实务工作者、优秀典型人物、心理教师、创新创业导师、优秀研究生）等多元角色在内的兼职辅导员。另一方面，由于网络媒体和自媒体的兴起，信息多元化在促进大学生创新发展、个性发展的同时，也给育人工作带来诸多新任务新挑战，靠"单打独斗"的工作模式已经无法满足育人工作的需要，因此，创建整合各有专长、分工协作、整体配合的合作型辅导员团队，充分发挥辅导员团队资源共享、优势互补的作用已经成为一种发展趋势。

目前，不少地方教育主管部门和高校已经在开展"辅导员工作室"模式的积极探索，取得了一系列可供学习借鉴的成效，例如：辅导员工作室建设有助于为学生提供专业化的教育和指导。工作室的建设通常会选取一个专题为研究方向，开展深入化、系统化、专业化的理论研究和实践探索，辅导员的"专"和"深"有利于提升自身的育人水平，更好地为学生提供专业化的教育和指导；同时，辅导员工作室建设往往根据成员的特长和优势进行分工配合，有助于为青年学生提供精细化的管理与服务。通过多年来的实践表明，这种模式对于辅导员自身的成长大有裨益，可做进一步推广借鉴。

3. 高校辅导员队伍与社会的协同

随着新时代教育评价改革的深入推进，高等教育的发展格局发生了前所未有的变化，高校在人才培养过程中，需要更加注重以社会改革发展需求导向，以新型学科、应用型学科建设为龙头，推进"产—学—研"融合，深化教育改革，更好地服务地方经济发展。

高校在大学生能力培养体系中发挥着非常重要的作用。高校为学生提供了专业学科领域的基本知识，培养了专业操作能力。但是对具有可迁移性的、应激性的非专业技能，以及全面系统的"发现—分析—解决"问题的能力，则更多来源于学生在非在校学习阶段的实习实践和实务锻炼。一方面，高校通过校地合作、校企合作、校校合作，加强和地方政府、企业，以及兄弟院校的联系交流，有计划、分步骤地安排辅导员进行挂职、交流或者短期的进修，进一步丰富充实辅导员的实践经验和社会阅历，以便辅导员更好地为学生提供实践实训等方面的指导帮助。另一方面，辅导员也应该充分发挥主观能动性，主动促进和推动共建校地、校企和校校合作育人平台，健全育人机制，分层分类、多维度推进"精准育人"，为学生全面发展提供多元化的支持和保障。

第二节 "五育并举"型高校辅导员队伍建设的概念、主体和模型

一、"五育并举"型高校辅导员队伍建设的概念

(一) "五育并举"理念的内涵

1. 蔡元培的"五育并举"教育理念

蔡元培在1912年发表的《对于新教育之意见》一文中表示要站在一个新的哲学、历史、政治的高度来审视教育，他将教育分为两种，一种是隶属于政治者，另一种是超越政治者，专制时代的教育家遵循政治标准而隶属于政治者，而共和时代"教育家得立于人民之地位以定标准，乃得有超轶政治之教育"。蔡元培认为，隶属于政治的教育是人类社会生活不可缺少的条件，但不是教育的全部，还需得以超越政治的教育来完善人的品格，站在人的发展的立场上来思考和规范教育问题，他在《中学修身教科书》中就曾明确指出"人性何由完成？曰：在发展人格。发展人格者，举智、情、意而统一之光明之之谓也。"

为了更全面地培养人的品格，蔡元培提出了五育并举的教育思想，内容包括"军国民教育、实利主义教育、公民道德教育、世界观教育、美感教育"，其中军国民教育、实利主义教育、公民道德教育只能够满足人生、社会的物质性，却不能满足世界观教育、美感教育所具有的精神性。从本质上说，教育本身就是在一个整体中发生的，"五育并举"是一个和谐的整体，是"你中有我、我中有你"的关系，甚至是"我中有你们、你们中有我"的联系，没有可以脱离整体而存在的德育、智育，五育皆近日之教育所不可偏废，都是统一整体中不可分割的有机部分。

军民国教育即体育，蔡元培认为体育教育是人全面发展的现实基础。他认为拥有一个健全的体魄，才能有一种健全的精神状态，当今的科学发明、学术智慧都需要脑力运动而发展，"故脑力盛则智力高，身体弱则脑力衰"。

军民国教育在近代被放在五育的首位,是基于当时"我国强邻交逼,亟图自卫,而历年丧失之国权,非凭借武力,势难恢复"的形势所迫,却不是一种非常理想的教育状态,他认为体育更多是"在心理上使学生彻底明白体育的目的,是为锻炼自己的身体,不是在比赛争胜上,要使他们望正鹄做去"。蔡元培的体育教育有着特别的功能,能够与劳动以及实利主义相结合创造更多的经济价值,打破读书人与劳动人民之间的精神壁垒。

实利主义教育即智育,蔡元培主张实利主义教育应该着重向学生传授有关生计的普通科学文化知识和职业技能,培养学生创新、生存的能力。只有如此,才能达到国富民强,使我国在国际竞争中立于不败之地。蔡元培在《智育十讲》中分别对文字、图画、音乐、戏剧、诗歌、历史、地理、建筑、雕刻、装饰中的智育进行了阐述,在蔡元培看来知识智育的基石是文字,文字作为一种载体能够实现思想文化的传承和传播,图画则与美育直接相关,音乐在蔡元培看来其对个人生理、心理、社会都有着非常大的作用,而戏剧、诗歌、历史等能够起到社会教育的作用。蔡元培还认为"智育能够普及科学知识,也能够养成科学头脑,最终能帮助营造一种崇尚科学的社会风尚"。他还特别注重智育中的职业教育,提倡教育的实业化,使学生练就就业的本领,也是实现"教育救国"的体现。

公民道德教育即德育,蔡元培认为德育是培养完全人格的人的关键。仅有军民国教育和实利主义教育容易造成"贫富悬绝""资本家与劳动家血战之惨剧","军国民教育及实利主义,则必以道德为根本",公民道德教育能够冲破传统道德的束缚,调和社会矛盾,对社会的平稳发展起到积极的作用。蔡元培的德育观念是结合本国实际情况而融合出来的精髓,绝不是封建社会和西方社会的照搬和拿来主义,对推动社会进步具有重要意义。

世界观教育是蔡元培教育思想中最独到之处。世界观教育实质上就是集百家之所长,取东西方哲学之精华的哲学课程,蔡元培根据康德哲学将教育分为现象世界的教育与实体世界的教育,他认为现象世界是以追求现实功利为目的,实体世界以完善人格,升华精神境界为目的,人想要获得自由,就必须从现象的物质世界中抽离出来,这光靠公民道德教育来实现是不够的,还需要提升人的精神境界和精神品格,而这一切又必须依靠世界观教育。

美感教育具有普遍性,是蔡元培"愿出全力以提倡"的。美学具有普适的功能,美感对于情感和想象力的培育,使得人类超越了现实生活中人与人之间的利害关系。美学与德育、智育、体育、世界观教育紧密结合，处于一个和谐共生的整体中，美育与智育相辅相成，是德育的归旨，是实现世界观教育的桥梁，是形成和谐、完美人格的重要手段。蔡元培在《教育大辞书·美育》条目中给美育下了一个明确的定义"美育者，应用美学之理论于教育，以陶养感情为目的者也"，美育可以净化人的心灵，陶冶人的情操，从而达到追求乐观、自由、进取的精神境界。

总的来看，蔡元培的"五育并举"教育理念就是涵盖体育、德育、智育、美育、世界观教育，以完善人的品格的教育统一整体，皆今日之教育所不可偏废。

2. "五育并举"的新时代内涵

党的十九届四中全会重申教育要"培养德智体美劳全面发展的社会主义建设者和接班人"。2019年2月中共中央、国务院印发的《教育现代化2035》强调："要构建德智体美劳全面培养的教育体系和科学的评价体系"，新时代赋予了"五育并举"新的涵义。教育本身是一个整体，没有单独存在的德育、也没有单独存在智育，"五育"之间是相互连接、相辅相成的关系，在理解"五育"的涵义时要真正将其当作一个整体来看待。

从教育价值来看，"五育并举"的目标就是培养德智体美劳全面发展的社会主义建设者和接班人。要真正实现这个目标，"五育"需要在整个教育的过程中得以体现，并将其融入校园生活学习的各个环节。学校注重通过树立科学育人观，筑牢思政德育根基，注重为学生创造文化育人实践条件和实践环境，通过文化育人实践项目等，引导学生积极开展社会实践活动，着力提升大学生的综合素质和服务社会的本领，提升教育教学质量，以达到培养学生形成立德为先的品质。学校要注重学生智育情况，通过整合并优化专业资源及结构，充分发挥专业群的集聚效应和服务功能，使学生练就过硬本专业本领。体育是"五育并举"的前提，是各高校非常注重的环节，身体是革命的本钱，拥有良好的体魄才能更得心应手的做好学术。高校要发挥好美学在高等教育中的作用，通过多种形式，大力弘扬中华美育精神，实现榜样精神的传承与延续。劳动教育在高校教育中处于实践地位，是对理论课堂的补充，学校要积极培养学生劳动观念，倡导践行劳动实践，促使学生们在劳动的过程中，培养出良好的职业道德。

从教育功能来看，"五育并举"的目标是解决实施人的全面发展教育过程中的问题。我国在过去的实践中，"重智育、轻德育、弱体育、虚美育和无劳育"的问题突出，尤其是劳动教育的缺失造成了学生们好逸恶劳，各种社会问题层出不穷。"五育"虽为一体，但其各自具有自身的教育特性。德育铸魂，在"五育"中占统领地位，是教育的"根"和"本"，能够从根源上进行人的全面教育；智育启智，是各育的前提与基础，与德育、体育关系紧密；体育健体，是人实现全面发展的现实条件，其他育需要一个健康的身体来支撑学习；美育润心，是德育和智育的桥梁及各育的内在动力；劳动教育是真正实现真、善、美内在统一的现实途径。"新时代劳动教育走出了狭隘体力劳动和劳动技能教育误区，赋予综合育人新内涵：劳动融合到德智体美的全过程，通过以劳育美，提升人的精神品位和人生价值"，劳动教育与德智体美一起构成新时代德智体美劳全面发展的教育方针。

（二）高校辅导员队伍建设的内涵

辅导员是集鲜明的政治属性、灵动的文化属性和朴实的教育属性于一体的。构建专业化、职业化和专家化的高校辅导员队伍对于提升育人能力和育人水平具有重要意义。

1. 高校辅导员队伍建设的专业化

辅导员是高校思想政治教育的重要力量，是大学生思想政治教育的指导者、实施者及组织者，新时代的高校辅导员不再是被边缘化的、模糊的存在，而是一支具有稳定性的高校思想政治教育队伍。建设专业化的高校辅导员队伍是时代发展的必然选择，也是高校提升思想政治教育工作质量的关键，有学者说要对辅导员进行科学的管理和培养，完善高校辅导员的学科知识体系，不仅在思想政治教育领域内要具有扎实的哲学社会科学的理论知识和马克思主义理论素养，而且还要具备与学生成长成才的其他管理学知识和系统管理思维。在过去较长时间内，高校辅导员职业的学科知识体系发展一直处于一个"非大学类课程"的研究阶段。而现在随着高校辅导员队伍的专业化，辅导员在较长的时间内受到专业、系统的训练，学习不同工作的专业技能和专业知识，使高校辅导员队伍的学科知识体系更加多领域、系统化。

高校辅导员队伍建设的专业化是服务的专业性。高校辅导员队伍建设的时代内涵，主要体现为服务理念的转变和思想意识的创新，以及管理方法的转变。就服务理念而言，高校辅导员要坚持"以人为本"，"以学生为本"，将"管理"学生转变为"服务"学生，遵循学生自然发展的规律，结合时代的发展和社会背景转变自己的工作态度和方式，通过与学生相处了解他们的思想行为，充分尊重学生们的想法，针对性地引导和教育学生们，使学生个人的发展与国家、社会以及学校教育的发展相结合。

2. 高校辅导员队伍建设的职业化

辅导员队伍的建设是高校培养高素质人才的基础条件，只有辅导员的基层工作做到位，高校的教育工作才能有效展开，构建职业化的高校辅导员队伍势在必行。职业化是指一个职业的专业性质和发展状态所达到的状态和水平，侧重于职业本身的社会认同的制度确认，高校辅导员队伍的职业化要求辅导员要按职业的标准化、规范化、制度化塑造自己，在工作中表现出的职业观念、思维、行为及习惯等要符合职业标准。职业化的高校辅导员队伍要有良好的工作环境和社会地位，要对高校辅导员队伍的职责范围、行业标准及稳定的专业人员有明确的界定，使其成为一种具有专业知识和专业技术要求的专门职业，同时，要有相应的从业规范和职业标准等制度来保证辅导员队伍的职业精神。

从队伍整体结构性配置角度来看，辅导员队伍建设的内容应包括合理的年龄结构配置、科学的职称（职级）结构设置、恰当的人员分工设定、互补的专业方向分配、规范的人员流动机制等。高校辅导员从事的相关工作受到社会认可以及具有相应的政策与制度是促进高校辅导员队伍高质量发展的重要保障，高校辅导员队伍要具备本专业领域研究的能力，并接受过思想政治教育及相关学科的系统训练是高校辅导员队伍长期稳定发展的关键。高校辅导员要以"人事相宜"为追求，不断优化自身的职业资质，接受相关的学历教育和职业规划、心理咨询、社会工作等方面的职业资格培训，在知识素养、职业技能等方面达到高校辅导员职业的规范和标准。高校辅导员要以"胜任愉快"为职业目标，通过规划自身职业发展方向、改善辅导员职业环境、搭建工作胜任力模型、设置合理的上升制度来促进辅导员职业的可持续发展。同时，辅导员要以"创造绩效"为主，养成职业意识，认识到辅导员的职责，创造高校辅导员队伍的社会效益。

3. 高校辅导员队伍建设的专家化

"辅导员专家化是指高校辅导员对自己从事的大学生思想政治教育和学生事务管理工作的某一方面具有较为深厚的理论知识和丰富的工作经验，成为高校学生思想教育工作方面的专家。"高校辅导员队伍专家化有利于增强辅导员对职业身份的自我认同，这是源于辅导员队伍具有深厚的理论功底和丰富的实践经验，对大学生思想政治教育和事务管理具有深入的研究，对辅导员机制的运行规律熟悉，能够快速有效地应对学生工作中复杂的问题，除此之外，高校辅导员队伍还能够不断创新工作方法和产出优秀的工作成果。

二、"五育并举"型高校辅导员队伍建设的主体

（一）高校辅导员队伍职业素养和专业知识的培育

1. 加强高校辅导员队伍的职业素养

辅导员在高校中担任着"教书育人"的重要职责，是大学生求知和求职过程中的引导者，著名教育家陶行知先生说过：学校的任务是千教万教，教人求真；千学万学，学做真人。如今高校教育事业蓬勃发展，辅导员具备更加坚定的理想信念，紧紧围绕立德树人根本任务，为实现中国梦和两个百年目标而志存高远、爱岗敬业、忠于职守、乐于奉献。高校辅导员队伍建设要求辅导员将自己的职业规划和个人理想与祖国的伟大复兴相结合，树立强烈的职业光荣感、历史使命感和社会责任感，以培育新时代优秀人才为己任，加强职业素养，建立健全职业道德规范，选树优秀典型人物，打造优质的高校辅导员职业形象等方式来提升高校辅导员职业的自豪感、归属感和幸福感，使高校辅导员拥有强烈的身份认同感和自我角色感。

高校辅导员队伍的职业素养还体现在对学生良好行为习惯的教育引导上，引导学生树立正确的世界观、人生观和价值观，并结合学生的具体需要和个性特征，帮助其制订合适的培养计划，引导更多的学生将自身的个人利益与国家社会的发展相结合，逐渐培养出德智体美劳全面发展的社会主义接班人。

2. 强化高校辅导员队伍的理论知识与实践价值

高校辅导员的工作中最重要的是要加强对学生的思想理论教育和价值引领。高校辅导员要紧紧围绕爱国主义教育、理想信念教育和中华优秀传统文化教育，引导学生牢固树立社会主义核心价值观教育，帮助学生不断坚定中国特色社会主义道路自信、理论自信、制度自信、文化自信。此外，辅导员还要动态掌握学生思想动态，在实践教学过程中再将理论与实践相结合，提升教育的实效性，有针对性地引导帮助学生树立正确的世界观、人生观、价

值观，处理思想认识、学习生活中的各种问题。

3. 促进高校辅导员队伍专业素养的提升

高校辅导员队伍是实施高校素质教育的重要基石，近些年来，高校辅导员队伍的建设取得了较好的成效，无论是思想意识，还是职业能力都有了明显的提升。党中央历来重视高校辅导员队伍的构建，习近平同志在第二十次全国高校党建会上强调，要切实把加强青年教师队伍的思想政治建设作为高校党建工作一个重大而紧迫的问题来抓。[①]虽然高校辅导员的工作不是一成不变，但在现阶段，思想政治素质仍是辅导员应具备的核心素质，要始终以社会主义核心价值贯穿始终，不断掌握运用马克思主义的立场观点方法分析和解决问题，不断增强新形势下辅导员工作责任感和引领力。除此之外，还要推进辅导员理论学习常态化，持续丰富积累思想政治教育专业知识和专业技能，夯实理论文化基础，进一步提升辅导员队伍专业化的水平和能力。

（二）高校辅导员队伍建设的专业理论培育

1. 高校辅导员队伍的内涵式建设

职业化和专业化是目前高校辅导员队伍建设的一个目标，其目的是为了培养更多合格的辅导员。当前我国的辅导员队伍的数量规模巨大，需要更加注重其内涵式的建设。要注重实践与理论的妥善结合，我国思想政治教育经过多年的发展，目前获得的成果丰富，思政教育已建立起系统的工作方法，但是理论对辅导员工作的作用效果不明显，这主要是因为目前高校辅导员队伍的研究成果和专业化水平较低，对相关的理论知识不熟悉，要进一步加强高校辅导员队伍的专业知识培养，发挥理论知识在工作中的催化剂、助推器作用。

高校辅导员队伍建设要使高校学生思想政治教育不断向着专业性方向前进。高校不能让研究思政教育方法、理论和学生思政教育实践各自为政，主阵地和主渠道要相辅相成，不能各自为主。要全面地突显辅导员的育人功能，就需要加强辅导员的专业建设内涵，使辅导员队伍成员更加了解和掌握思想政治教育相关的发展规律，使其能够灵活地运用在立德树人这个中心环节中。高校辅导员要承担起心理关怀者、人生发展导航员等专业职责，就需要与学生一起成长成才，攻坚克难地学习相关的理论知识。

---

① 卢秋婷：《内涵式发展趋势下高校辅导员队伍建设的新思路》，《吉林建筑大学学报》2015年第3期。

2. 高校辅导员队伍德智体美劳全面育人功能

在思想认识方面，提出要迅速统一思想，明确人才培养改革方案的必要性和重要性，特别是在学生层面做好文件的宣贯工作。在五育攻坚方面，提出面向研究生增设体育课程、丰富体育锻炼活动，组织课题组定期开展劳动或公益活动等，将"五育"工作在研究生范围内有效开展。在队伍建设方面，提出要更加关心关怀基础课教师，为他们创造安心、舒心的教学环境。要加强学科教师与本科生之间的联系纽带，让班导师切实发挥作用；继续加强导学关系的有效构建，明确研究生导师是学生的第一负责人，是"三全育人、五育并举"人才培养改革中重要的一环。要建立合理的有效机制，让校友参与到学生的通识课程、专业课程和课外课堂的各个环节中。在课程体系方面，提出要加强在线开放课程建设试点，实行线上线下混合式教学；建议加强通识课程的管理，规范在线课程的学分认定，探索形成符合工科院校人才培养需求的学分体系。

（三）高校辅导员队伍的网络思想政治教育能力

1. 增强辅导员队伍网络思想政治教育的意识

随着网络思想政治教育的发展，高校对高校辅导员工作提出了新的要求，辅导员队伍需要运用新媒体新技术进行学生工作，在掌握马克思主义基本立场、观点和方法的基础上，要具备一定的网络技术、传播学、社会学和文化学基础知识，要不断适应新媒体技术在学生管理与教学中的应用，推动思想政治教育工作传统优势与信息技术的高度融合。掌握开展网络思想政治教育和网络舆情应急处置的方式方法。综合运用科研方法开展学术研究，总结凝练网络思想政治教育工作经验成果，指导工作实践。

要增强辅导员队伍网络思想政治教育意识，一方面，要让辅导员充分认识到网络思想政治教育的实效性。网络可以打通人与人之间交流的时间和空间的壁垒，是目前大学生群体使用最为普遍的交流方式，借助网络新媒体平台，运用网络信息技术开展思想政治教育工作，更容易被学生接受，拉近与学生之间的距离，更加有利于沟通，增强教育的实效性。另一方面，辅导员必须具有争夺网络舆论主阵地的意识，打造辅导员网络职业能力提升平台，构建网络思想政治教育重要阵地，利用网络的传播优势对青年学生开展爱国主义教育、理想信念教育和中华优秀传统文化教育，引领青年学生牢固树立"四个意识"，不断坚定"四个自信"。

2. 提升辅导员队伍网络新媒体运用能力

习近平总书记在全国宣传思想工作会议上指出："要充分运用新技术新应用创新媒体传播方式，站立信息传播制高点。"辅导员要研究把握网络思想政治教育的特点和规律，掌握运用信息技术开展网络思想政治教育的方式方法，动态把握学生网络思想动态，牢牢掌握网络思想政治教育工作的主动权，提高网络舆论的引导能力。为更好地提高辅导员队伍的新媒体运用能力，塑造更多积极的辅导员形象，学校要根据教育部相关文件要求，制定针对辅导员队伍网络新媒体运用能力的指导性意见，建设一支既通晓网络媒体运用、熟悉网络发展规律，又具有高水平的思想政治教育工作队伍。学校要尽快将网络思想政治教育的标准、内容、要求纳入高校辅导员考评和晋升的标准之中，鼓励辅导员开发或利用平台整合校内外资源，统筹线上与线下互动，实现学生、家长、学校良性互动，激发辅导员主动创新，打造信息化服务平台，引导辅导员提高信息技术能力，建立学术交流平台，提高辅导员科研意识和学术能力，用正确、积极、健康的思想文化占领网络阵地。

3. 加强高校辅导员队伍校园网络文化的管控能力

加强学生网络素养教育，积极培养校园好网民，引导学生创作优质的网络作品，是高校辅导员队伍建设的重要部分。要不断创新网络思想政治教育的工作方法和工作路径，运用网络相关技术，从学习、生活等各方面与学生加强沟通，开展思想引领、学习指导、生活辅导以及心理健康教育等。校园网络舆论的主导权，创新搭建学生教育管理网络平台，开发推广辅导员工作应用的 APP、网站、云平台等新媒体，做好网络意识形态引领工作，对青年学生的网络行为进行规范引导，从而塑造一个清朗的网络校园环境。高校辅导员还要加强宣传和学习网络道德规范准则，使学生积极弘扬网络伦理道德，树立正确的网络道德观。加强网络安全管理，通过加强法制宣传教育和法律法规的学习，建立健全高校网络安全长效机制。

三、"五育并举"型高校辅导员队伍建设的模型

（一）基于核心工作能力培养的高校辅导员队伍建设"五力"模型

为更好地构建国内高校辅导员队伍，教育部出台的《高等学校辅导员职业能力标准》，提出基于核心工作能力培养的高校辅导员队伍"五力模型"。

该模型建基于高校辅导员职业发展的内在需求，将行业标准与辅导员职业发展需求有机结合，更有利于高校辅导员队伍职业化和专业化发展。"五力"模型认为高校辅导员队伍建设应该着力培养以下五个方面的能力：

1. 思想政治工作能力

高校辅导员开展学生思想政治教育，辅导员需要从学生的心理上、思想上、生活上以及学业上对大学生加以指导和帮助，以专业的知识和较高的职业素养引导学生成长成才，保证高校社会主义育人方向。辅导员要能够通过运用中国特色社会主义理论体系的丰富理论知识对学生开展的思想教育，引领学生树立正确的世界观、人生观和价值观。具备较高的应急处置能力，能够有效处理学生学习、生活等各方面的矛盾和问题。具备网络思想政治教育能力，推动构建网络思想政治教育主阵地。

2. 学生管理能力

学生管理能力是辅导员核心工作能力中的关键能力。辅导员的学生管理能力主要包括：党团和班级建设能力、学业指导能力、日常事务管理能力、心理健康教育与咨询能力及危机事件的应对能力。其中以学生管理工作最为基础和繁杂，是辅导员工作的"家常便饭"，对辅导员的业务水平、管理能力、沟通能力和协调能力具有极大的考验。要改变这种状态，首先要转变管理观念，充分调动宿舍管理委员会、学习自治委员会、社团管理委员会等学生自治组织在学生管理中的作用，实现学生自我管理、自我服务、自我教育，实现高校辅导员学生管理工作效能提升。

3. 职业规划能力

辅导员应具备职业生涯规划和就业指导能力，帮助学生树立正确的职业观念。本模型认为高校辅导员核心工作能力中的职业规划能力应包括两层能力：一是指导学生进行就业及职业规划的能力；二是为自身进行职业规划的能力。就第一层能力而言，高校辅导员与学生的联系紧密，因此学生对辅导员具有较强的信任感和依赖感，在求职就业过程中更倾向于向辅导员寻求帮助。可见，高校辅导员是最适合对大学生职业规划进行引导教育的对象，学生进入到大学校园以后，辅导员就要对大学生进行职业规划意识的培养，在专业课程的基础上，引导学生找到自己的兴趣爱好，并将其与自己的职业规划进行有效结合，帮助大学生在初期树立起一个初步的职业生涯目标。就第二层而言，高校辅导员核心工作能力培养必须要养成良好的学习习惯，不断充实自己的知识储备，增强自身的职业规划能力，以便更好地解决和指导学生在职业规划中的问题，并以自身作为学习的榜样在与学生相处过程中潜移默化影响学生的学习意识，让他们养成主动学习的习惯。除此之外，高校辅导员在开展大学生职业规划培养中，可以请教更多领域的专家教授，做专业性的讲座分享，使学生对自身的职业规划内容有更明确的认识，并以此更新和提升自身对职业规划的认知。

4. 社会服务能力

社会服务能力是高校辅导员队伍建设的价值体现。我国高校特别重视学校的社会服务能力，这对于高校的发展而言具有积极的作用，社会迫切要求高校积极履行起服务于经济社会发展的责任。目前我国高校的社会服务的主体对象基本不包括辅导员队伍，仅限制专职的教师或实验室教师参与。高校辅导员作为开展学生思想政治教育工作的核心骨干力量，应该充分发挥社会服务能力，为社会培养"五育并举"的新时代人才。在大学生世界观、人生观和价值观形成的关键时期，辅导员要教育培养大学生成长成才，在履行自身使命、推动社会发展同时更好地实现个人价值。同时，提升辅导员队伍的社会服务能力，一方面能够帮助辅导员更好地理解学生的专业内涵和专业属性，找到用人单位与专业的内在联系，更加清晰明确专业的就业方向和职业匹配类型；另一方面辅导员参与社会服务，可以更好地了解用人单位对学生的供需关系，更好地为学生提供就业指导，搭建校地、校企合作平台，帮助实习实训工作顺利开展。

5. 持续学习能力

随着时代和社会的变化发展，高校对辅导员的专业知识和能力素养要求不是一成不变的，高校辅导员需要保持持续不断的学习动力。从岗位职责来看，辅导员需要不断学习来更新与思想政治教育、学生管理相关的理论知识，不断提升自身的理论素养和学习能力。要结合新时代学生的个性和特点，不断尝试运用新媒体技术，运用青年学生喜闻乐见的方式，提高学生管理工作的效能。从辅导员个人职业发展来看，要结合自身实际，做好职业生涯规划，不断加强专业知识培训和实践经验积累，提升科研水平和科研能力。队伍建设是一项长期性系统性的工程，"五力"模型辅助辅导员开展核心工作能力分析，将个人成长与学校建设发展有机融合，进一步做好辅导员队伍高效能的职业生涯规划，构建新时代结构合理、工作效能卓越的辅导员队伍。

（二）高校辅导员队伍建设的学习型组织系统模型

新时期加强高校辅导员队伍建设的专业化、职业化，可以将"学习型组织"系统模型引入高校辅导员队伍建设中。学习型组织系统模型源于管理学中的一个理念，是指通过不断学习来改革辅导员队伍结构，发挥组织内部辅导员个人积极性、创造性，营造积极向上的学习氛围，建构有机的、交互式的、持续发展的学习型辅导员队伍。要高校辅导员队伍建设和形成学习型组织系统模型，需要从五个方面着力：

（1）设立共同目标。高校辅导员队伍建设的共同工作目标，就是在马克思列宁主义、毛泽东思想、习近平新时代中国特色社会主义理论体系的指导下。坚定理想信念，成为德育工作的骨干力量，成为青年学生成长成才道路的指导者和引路人，深入开展思想政治教育，教育引导青年学生树立正确的世界观、人生观、价值观。

（2）追求卓越发展。高校辅导员要在共同目标的指引下，树立职业理想，开展职业规划，以高度的责任感和强烈的事业心培育优秀的大学生，并且不断进行理论知识的深化和实践工作的总结，实现辅导员队伍建设的专业化、职业化，以保证学生教育管理服务工作成效显著。

（3）改善思维模式。辅导员要适应新时代教育改革的形势，转变学生教育管理服务工作的思路，改变传统被动式、命令式的管理模式，转变为更加灵活、更加贴近学生的交互式的模式，将学生从"被管理者"转变为"自我管理者"，充分调动学生的主观能动性，发挥学生的参谋助手作用，提高学生工作的效率的同时，也能更好地改善辅导员和学生的相处模式，增进师生感情。

（4）注重团队精神。辅导员团队的构建，有利于搭建多元化、交互式、可持续发展的交流平台，团队建设所营造的浓厚的学习氛围和形成的良好的团队文化，有利于带动团队中全体辅导员成员的积极性和主动性，增强团队凝聚力，形成团队合力。

（5）增强辩证思维。不论是教育主管部门、高校还是辅导员团队、辅导员个体，都应坚持以马克思主义理论为指导，运用辩证唯物主义的观点来全面地分析问题、解决问题，并通过系统分析总结凝练优秀的经验做法。

高校辅导员队伍学习型组织系统模型有利于高校辅导员队伍的全面建设，为辅导员持续学习提供了较好的学习模型，辅导员综合素质的提高对于大学生的培育将更加专业化、职业化。

（三）高校辅导员队伍建设的 KSAO 培训模型

推动高校辅导员队伍建设的职业化水平可以运用 KSAO 培训模型加强培养培训，KSAO 培训模型是人力资源管理中对员工职业岗位资质的描述模型，反映了一个人从事某种职业必须具备的职业素质能力。KSAO 培训模型根据学生的"成长周期"设计，以辅导员教育管理工作和个人成长发展需求为导向，分专题、分研究方向、分带生时长，构建常规化和专题化相结合、专业化和学位进修相结合的培训体系，构建"产—学—研"相结合的培养体系。通过小班教学、小组研修实践、理论讲授、讨论交流、参与体验、案例模拟等探索精准化培训新模式，层层推进提升辅导员工作技能。探索构建校外挂职和交流体系，选拔优秀辅导员到地方政府、教育主管部门、企事业单位挂职锻炼，组织辅导员赴兄弟高校交流学习，推动经验交流和工作提升。

（四）高校辅导员队伍建设的胜任力模型

高校辅导员队伍的职业素养直接关系着能否胜任对大学生的教育培养，甚至影响着高校的建设发展。因此，提升辅导员团队胜任力，是培养高素质、高水平、高能力人才的重要条件。胜任力是用以恒量个体角色动机、知识技能、价值观念、等的可量化的特征，通常适用于人力资源的选拔、培养和评估。胜任力模型是为了完成某项工作、达成某项目标、设定某个岗位，而将不同序列、不同特征的要素进行整合，所建构起来的模型。胜任力模型的建构，有利于强化高校辅导员队伍的整体业务能力与职业素养。

高校辅导员队伍的建设是为了帮助学生在校期间顺利通过学业规划，帮助学生解决学习、生活中的各种问题，管理与培养学生的团队协作、专业技能以及沟通能力。本书从胜任力模型的认知与态度、个人能力、道德水平、师生关系这四个维度来谈论高校辅导员队伍建设：

1. 职业认知与态度

高校辅导员在高校与学生的接触比较频繁，自然与学生的关系更加密切，但也要时刻谨记自身的职业身份，增强对自身身份的认同感，树立崇高的职业理性信念，对自己的本职工作保持热爱，多关注自己的学生。并在此基础上进一步创新学生教育管理理念，不断提升自己的综合素养，奋力进取，要善于发现学生日常生活学习中遇到的相关问题，及时地关心他们的心理需求，给予疏导。

2. 个人能力

高校辅导员队伍建设要进一步发展，就需要吸纳个人能力出色的教师，关于个人能力一方面表现为选人任人，擅于调动学生的积极性，另一方面表现在严格要求学生按照学校规章制度生活学习，具有求知欲和进取心。大学阶段的学生很多都已经具有自主意识，辅导员的教育教学不能"一视同仁"，需要根据学生们各自的性格特点，有针对性地调动学生积极性。再则，班级学生干部和学生会干部作为学生自治的组织，是高校辅导员与学生沟通的桥梁，辅导员可以选取个人能力较好的学生担任干部，以加强学生之间的交流，也能及时地接收到学生信息情况的反馈，辅导员还可以通过制定合适的考核奖励机制和检查评比方式，科学管理学生事务。此外，辅导员教师需要以自身为榜样，在学习生活方面保持向上的精神面貌，在学生之中表现出强烈的求知欲和进取心，让学生明白在高校期间最重要的事情还是坚持学习，提高学生的知识素养和综合素养，为实现中国梦而培养出一代代优秀的青年。

3. 道德水平

道德水平也被叫作素质水平，内容包括思想政治素质、道德品性素质、职业素质、身心素质、个人魅力、学习能力、自律与自我控制等等。要建设一支合格的高校辅导员队伍，就必须要求各辅导员要严于律己、牢记责任，严格遵守社会主义核心价值观，并带领学生践行核心价值观。其中，责任意识是高校辅导员队伍建设不可或缺的精神品质，拥有强烈的责任意识，辅导员才会对自己的工作投入热情，才愿意花费精力去做好本职工作。责任意识强能够使辅导员更加有效地完成相关的工作任务，并且还能在完成工作任务的基础上获得更多的自我价值与成就感，反之，责任意识较弱的辅导员不仅会对自己的工作偷工减料，还会慢慢的对自己的本职工作感到厌烦，最终导致自己和学生都不能得到很好的成长。

4. 师生关系

师生关系使高校辅导员队伍建设中难度较大但必须做的工作。一方面，辅导员需要尊重学生、对待学生要公平公正，具有亲和力，与学生多接触交流，亲近学生、倾听学生的心声，努力为学生解决生活与学习中的困难，关爱有困难的学生。另一方面要做到不偏爱、不偏听偏信，做到公平公正，合理有序。这意味着辅导员在与学生相处上需要付出比其他教师更多的精力，可见，良好的师生关系有利于培养学生对中国社会主义核心价值观的认同感与归属感，有利于培养出合格的国家建设者与接班人。

（五）高校辅导员队伍建设的媒介素养能力建构模型

随着互联网技术的发展，网络新兴媒体凭借其强大的传播速度和传播范围，彻底改变了人们之间的沟通方式。习近平总书记在全国高校思想政治工作会议上指出，"做好高校思想政治工作，要运用新媒体新技术使工作活起来"。这对高校辅导员队伍的工作方式提出了新的要求，不仅要利用互联网平台创新思想政治教育的内容和方式，还需要提高辅导员队伍整体的媒介素养能力。

1. 社会和高校加强对辅导员媒介认知的专业支持

高校辅导员担负着教育学生的职责，如今高校的学生大多由"00"后组成，他们在网络文化盛行下形成了自身独特的性格，高校辅导员需要尽早掌握网络媒介传播规律，然后针对性地对学生进行思想政治教育。由于辅导员担负着为国家培育优秀接班人的重任，所以社会和高校需要对辅导员进行专业化的媒介素养培训和授课，使辅导员队伍强化自身的媒介素养，充分了解和把握当前网络信息发展的特点，对网络舆情有充分的判断，并且能够对学生进行正确的引导。

2. 培养高校辅导员成为网络"引领者"

在自媒体时代人人都是传播者，高校辅导员队伍不可能置身事外，在这样的情况下，高校辅导员需要对自己进行重新定位，主动利用网络新媒体进行教育教学，采取多样化的方式在网络渠道发布言论，使自己成为引领主流意识的"引领者"。

3. 高校辅导员探索多形态网络对话

高校辅导员队伍的建设离不开对网络产品的使用，面对互联网平台所具有的便捷性、多功能以及亲民性的优势，高校辅导员要积极利用各APP平台加强与大学生之间的互动，强化与学生的生活互动，弱化与学生的严肃互动，辅导员能够更加走进学生的世界，了解他们的想法，从而完善学生的思想政治教育方式，例如利用微信朋友圈以及公众号推文等方式。除此以外，高校辅导员作为大学思政教育的重要传播者，在利用网络媒体时还需要发挥网络舆情的监督作用，由于网络信息的多元化，各种不良信息容易冒出来，对大学生思想产生负面影响，所以，高校辅导员要在学生与负面信息之间设置一道过滤通道，防止学生被不良信息所影响，对不良信息要第一时间进行正确的舆情处理，同时，还要对学生进行信息甄别的培训，提高学生的媒介素养。

4. 构建媒介素养时要实现媒介素养的教育者能力转化

媒介素养的构建最终目的要回到教育本身，高校辅导员队伍担负着培养学生成长成才的重担，所以辅导员在提升自身的媒介素养后，还需要将其转化为教育能力，培养学生群体中具有威信力和领导力且积极向上的学生作为班委，使之成为整个班集体的"头雁"，以点带面的发挥全局思想政治教育影响力。

第二章 "五育并举"型高校辅导员队伍建设的理论基础

列宁说:"没有革命的理论,就没有革命的运动。"[①] 理论源自实践,同时又在实践的反复检验中更新迭代。"五育并举"型辅导员队伍建设也必然建基于一定的理论基础。作为以"五育并举"作为价值导向的辅导员队伍,国内外高校辅导员队伍建设无疑是重要的理论来源,从系统性、科学性开展的建设工作来说,马克思主义理论、系统科学的理论和中国特色的教育理论都为推动和发展"五育并举"型辅导员队伍建设实践提供了坚实的理论支撑。

第一节 马克思主义理论

马克思主义是"伟大的认识工具",是人们观察世界、分析问题的有力思想武器。加强"五育并举"型高校辅导员队伍建设,必须深入学习马克思主义基本理论,全面把握马克思主义关于人的全面发展理论的深刻含义,从而使高校辅导员队伍建设获得正确的方向指引。马克思主义关于人的全面发展理论主要有以下五方面的内容。

一是人的劳动的全面发展。人的劳动的全面发展是马克思主义关于人的全面发展理论的基本内涵,马克思认为劳动使"生产者也改变着,炼出新的品质,通过生产而发展和改造着自身,造就新的力量和新的观念,造就新的

---

① 《列宁选集》第1卷,人民出版社2012年版,第241页。

交往方式，新的需要和新的语言。"① 马克思认为在劳动的过程中，人可以通过劳动提高个人能力，不断完善自身，从而使自己更加适应社会的发展。在人们的劳动的全面发展过程中使人们不再局限于固有的职业，不再被迫的接受分工，而是可以根据自己的喜好，自主的选择自己的职业，这种职业不仅包括体力或是脑力方面的，而且也可以涉及经济或政治的社会管理活动。在劳动的过程中可以获得更多的选择权，从而不断实现自身的人生价值。通过劳动使"五育"贯穿到高校辅导员队伍建设的进程中，一方面，不仅可以锻造辅导员自身的优秀品质，还可以培养高校辅导员德智体美劳全面发展，使他们可以根据个体特性选择自己适合的辅导员岗位，从而更好地落实立德树人的任务，为培养合格的社会主义建设者和接班人贡献中坚力量，使大学生们也可以根据自己的兴趣去规划自己的未来，提前定好自己的职业方向。另一方面，"五育并举"型高校辅导员队伍建设可以使辅导员们不仅只是单方面从事某一特定的工作，他们可以根据自己的需求和喜好从事多方面的职业，在创造过程中提升自己的生活质量和水平。在人的劳动的全面发展过程中，不断实现自身价值，在劳动和社会奉献过程中实现个人幸福。

二是人的能力的全面发展。马克思主义关于人的全面发展理论内涵中，人的能力的全面发展是马克思主义关于人的全面发展理论的重要内容。马克思提出："任何人的职责、使命、任务就是全面发展自己的一切能力，其中包括思维能力"。② 从马克思的话语中可以看出，他认为作为实际存在的个体，我们生活的目标就是要不断发掘自己的素质能力，这种素质能力不仅指的是体力、现实能力等，还包括在社会交往中所必需的能力，如：社交能力、职业能力等。但这种能力是基于个体需要且必须在社会实践的基础之上去发掘，而不能只是立足于单方面的脑力思考或是空想。个人能力的全面发展要同社会发展的现实需要相适应，它不能高于社会发展水平，但这并不是要求个体全方位的发展，而指的是人们从自身出发，挖掘自身的潜力，去不断开拓自己，从而实现自身的人生价值。"五育并举"型辅导员队伍建设，可以让辅导员在培养的过程中多方面的开发自己的能力，发掘自己的职业潜力，通过将"五育"融入大学生的教育培养全过程，育人的同时，也是自育，从而更好地实现自身能力的全面发展，找到实现人生价值的正确途径。另外，从学生的角

---

① 黄俊杰：《基于人的全面发展理论的高校辅导员工作探析》，《国际公关》2020年第11期。
② 史国枫、黄书进：《论马克思主义人的全面发展理论的中国化》，《社科纵横》2010年第3期。

度来看，辅导员作为大学生日常事务的管理者、学习生活的引领者，是大学生交心的朋友，肩负着培养大学生的重担，这就要求老师自身需要具备充足的知识储备和相适应的职业能力来适应现代大学生的发展。随着社会的不断发展和进步，辅导员只有通过不断地完善自身的能力、创新工作的方式方法，才能满足大学生日益发展的多样化的需求，保持对学生政治教育的活力和持久度，指引大学生朝着正确的人生方向前进，促进大学生的综合素质能力得到全面的提高，使辅导员和大学生的能力都能得到全面的发展。

三是人的需要的全面发展。人的需要的全面发展是马克思主义关于人的全面发展的基本表现之一。人民群众始终都是社会历史的创造者、是社会物质财富的创造者、是社会精神财富的创造者、是社会历史发展的决定性力量。但是在这之前，人民群众必须能够生活，才能为社会的发展贡献自己的一分力量。生活，是人的发展的基本动力。马克思指出，"任何人如果不同时为了自己的某种需要和为了这种需要的器官而做事，他就什么也不能做"。[①]人们进行的社会交往活动和生产活动的全部目的都是为了实现自身发展的需要，人们是出于一定的现实需要进行社会实践活动。在社会的历史变迁中，人们的需要总是随着社会的发展而不断变化，从而使人们需要通过一定的社会活动来不断满足自身的需要，从而促进自身的发展。马克思和恩格斯将人的需要分为三类即生存的需要、享受的需要和发展的需要。比如：在原始社会，人们首先要满足自我生存的需要，生存下去是人们的第一需要，但是随着社会的不断发展和进步，新的生产关系的建立，人们的需要就不仅仅是单方面的生存需要，比如：在社会主义社会，以中国为例，现阶段人们对物质需要和精神文化需要有了更高的要求。物质的需要主要包括衣、食、住、行，精神的需要主要包括自我认知等等。在未来社会的发展中，只有将社会需要和个人需要相结合，才能实现人的需要的全面发展。随着我国经济和科技实力的显著增强，国家综合实力的明显提高，不仅要求国家要完善相关的制度、政府要更好地履行职责来适应其的飞速发展，对社会主体的人们也提出了更高的要求。而大学生作为重要的主体，其成长成才直接关系了国家未来的发展，而辅导员作为大学生校园生活最直接的联系者，因此也自然而然向其提出了更高的标准。只有加强高校辅导员队伍德智体美劳的全面发展，才能更

---

① 王孝哲：《马恩历史唯物论的核心观点：社会以人为本》，《淮阴师范学院学报（哲学社会科学版）》2014年第2期。

好的满足大学生的需求，使大学生和辅导员们在社会需要和个人需要的统一中，实现人的全面发展。

四是人的社会关系的全面发展。马克思主义认为："人的本质并不是单个人所固有的抽象物，在其现实性上，它是一切社会关系的总和"。随着人的劳动、能力、需要的全面发展，就会形成在各领域、各层次社会关系中的新联系，而这种新联系不仅包括工作的联系，也包括日常生活中的联系。马克思曾经说过："社会关系实际上决定着一个人能发展到何种程度。"个人通过不断地学习和互相交流，进一步锻炼自己，从而促进自身的发展。随着社会的不断发展，使得每个人的都是直接或间接的参与社会生活并且都和他人在一定的社会关系之中建立联系，人们之间交往的对象和内容，不再仅仅只是局限于某一方面，而是呈现多级化的发展趋势。比如：在原始社会人们，人们主要依靠血缘关系进行交往，而在社会主义社会中，人们除了血缘关系，还包括社会交往中，同他人建立的工作关系、朋友之间的联系等。人们将更加自由地进行社会交往。人的社会关系的全面发展，不仅意味着人们建立的多方面的联系，这种联系涉及经济、政治、文化以及社会生活的各个领域，还包括同他国建立的联系，个人越来越成为社会历史的主体，同国家和世界的生产都产生一定的联系，这种联系是从单方到多方，从个体到整体的平衡而协调的发展。

人的全面发展离不开人的社会关系的全面发展，社会关系关系着一个人能发展到什么程度。在人们相互交往的过程中，人们自身会得到极大的改善，使自己建立起丰富的社会关系，并能从中学习新的知识，扩宽自己的知识面，使自己得到全方位的提高。因此，人们只有在一定的社会关系中，通过不断提升自己的能力修养和个人素质，才能促进其自身的全面发展。在加强高校辅导员队伍建设的进程中，在其劳动、能力、需要全面发展时，也必然会促进其社会关系的发展，使辅导员们不仅和同行建立一定的社会联系，还可以让他们涉及多方面的领域，尝试全新的职业，开发自己的职业潜能，建立多种社会关系，使自己的知识不断丰富、人脉资源不断增多，从而达到不断提升和锻炼自己的目的，以至于可以更大限度和可能的促进自身的全面发展，把自身价值发挥到最大实处。此外，通过"五育并举"加强辅导员队伍建设，也可以更好的作用于学生的教育之中，培养他们的全面发展，使大学生们可以根据个人兴趣和特质，自主选择同其他领域的学生建立更加广泛的联系，互相交流和学习，发展自己的社会关系，达到充实自己的目的。在不断完善自身的过程中，找到人生意义，更好的成为德智体美劳全面发展的社会主义建设者和接班人。

五是人的个性的自由全面发展。人的个性包括理想、信念、情感等。人的个性的自由全面发展，主要内涵是指，现实中的人们通过摆脱各种束缚和外部的限制，来充地的展示自己的个性，但是又不能超过一定的社会生产力发展水平，必须受到社会历史条件的限制。因此是具体的历史的。比如：在奴隶社会，人们依附于主仆关系生存，人的个性得不到展示，因为这是由于相应的社会生产关系所决定的，在资本主义社会，人们被资本家无情的压榨和剥削，为了能够赚取更多的剩余价值，工人阶级就像"提线木偶"从事自己的工作，不带任何感情的参与生产活动，对于资产阶级而言，工人阶级只是他们获得利益的工具，使人的个性被压抑，得不到发展。而在当前阶段，我国的主要矛盾是人民日益增长的美好生活需要同发展的不平等不充分之间的矛盾，所以人们在追求物质的同时，也没有忽视精神的享受，使人们的个性可以得到适应的施展。马克思曾说："无产阶级，只有进入物质极度丰富的时代，他们不再为满足生产而来回忙碌时，他们的个性才能得到长期发展与实现"。因此，只有当社会主义高度发达或是进入到共产主义社会，人的个性自由才能得到充分的发展并最终实现，在这个历史时期，人们可以根据自己的兴趣，参与各种社交活动，释放自己的天性，实现真正的人生价值。马克思主义所揭示的人的个性的自由全面发展主要表现为，作为社会历史主体的人们更加注重自身的自主性，人们的主动创造性、自觉能动性得到全面的提高，在社会生活中，人们不再是按照单一的、标准化的模式进行交往，而是可以按照自己的想法，自己的生活方式、个人形象展示独特的人格魅力，每个人都可以自由的表达观念，从而使整个社会都处于和谐融洽的氛围之中。

马克思并不反对个人在社会中的作用，他强调个人在社会中的独立地位"社会的每一成员都能完全自由地发展和发挥他的全部才能和力量"，实现人的个性的自由全面发展。这里的自由全面发展不是指的"单个人"的发展，而是指的全体社会成员的发展，从而可以看出马克思对个体存在的重视。人的个性的自由全面发展是马克思主义关于人的全面发展理论的核心。通过"五育"加强高校辅导员的队伍建设，可以让他们从不同方面投入工作当中，以至于更大程度的释放他们的天性，发现自己的特长，然后全方位的展示自己的魅力，展示自身的与众不同，从而达到促进自身的全面发展。

第二节 系统科学的理论

一、马斯洛需求层次理论

马斯洛的"需要层次理论"阐释了人的五种动机需求，即：生理需求、安全需求、社交需求、尊重需求和自我实现需求。[①] 在不同时期，受世界观、人生观、价值观的影响，总是呈现出不同的需求，因此总有一种需要占主导地位，而其他需要则处于从属的地位，这也对激发人的积极性有着重大的启发意义。马斯洛把生理需求、安全需求及社交需求归结为低级需求，而尊重需求、自我实现需求则是高级需求，低级需求只要在外部条件的作用下就可以使人得到满足，而高级需要必须通过内部因素的相互作用才能得到实现。马斯洛认为，人的需要有一个从低级向高级发展的过程，这一过程的一般趋势在某种程度上是符合于人类需要发展的一般规律的。当人类的低级需求得到满足的时候，就会转而追求更高层次的需求，但这并不代表低级需求转变为高级需求必须有"量"的积累和要求，现实情况是，人类的各种需求总是相互交织在一起，甚至有的时候当基本需求得到部分满足时，就会产生高一级的需求，呈现出一种"相对平衡"的状态。人生的每一阶段都有一种需求占主导地位，起着支配作用。人们对高级需求的渴望就是人们在社会生活中不断努力发展自己、完善自己的动力。人们必须在自我实现的过程中，立足社会实践，不断开发出自己的潜力，尽最大可能地去实现自己的抱负和理想，以至于满足最高层次的需求。马斯洛的需求层次理论为辅导员队伍建设的理论研究奠定了非常重要的基础，同时我们也可以通过需求层次理论来探讨怎样才能实现"五育并举"型辅导员队伍建设：

马斯洛把生理需求、安全需求及社交需求归结为低级需求，而尊重需求、

---

① 亚伯拉罕·马斯洛：《人类激励理论》1943年版。

自我实现需求则是高级需求。

一是满足高校辅导员的基本需求。生理需求和安全需求属于需求层次理论中的低层次需求。生理需求是一个人最基本的需求，若辅导员连最基本的生理需求都无法得到满足时，那么将无法生存下去，更别谈如何推动当前的工作。随着中国特色社会主义进入新时代，人民对美好生活的向往更加强烈，高校辅导员作为社会一员，对物质文化的需求也是必然。

所以，学校和学院要不断适应辅导员的需求变化，对辅导员的工作环境及其条件进行适当的改变，完善基本的医疗保障，使他们能够以更加健康的体魄投入到教育事业中，并且还要优化校内的各种资源，使辅导员待遇能和同校的其他教师一样保持在同一水平线上，使他们的心理压力得到有效的缓解。据美国心理学家斯塔西·亚当斯的"公平理论"，一个人对其所得的报酬是否满意不是看其绝对值，而是进行社会的横向比较和历史的纵向比较，看相对值。[1] 由此可以看出，人们对自己的所得更加重视的不是自己能够得到最多，而是在和他人付出了同等的努力下，自己的得到的是否更多，如果没有就会打击员工的工作激情。同理，在"五育并举"型高校辅导员队伍建设的进程中，学校要高度重视薪酬分配，根据他们所付出的劳动，来分配薪酬，以此来激发他们的积极性，推动育人工作的顺利进行。

近年来，就业形势异常严峻，许多人面临着无法找到工作，即使找到，在城市的生活也步履维艰。在加强辅导员建设的过程中，学校应该高度重视，为他们提供一些住房、平衡他们的工作时间，给他们一些基本的生活保障，让他们能全身心地投入到工作当中，没有后顾之忧。

二是满足高校辅导员的交往需求。现实生活，人们忙于繁忙的工作，因此在闲暇之余，大多数的人们都会通过和他人情感的交流来排解自己的疲倦，舒缓自己紧张的神经，在和他人的联系之中来释放自己压抑的情绪，以至于在之后能够更加全身心地投入到工作之中。众所周知，高校辅导员是大学生们校园生活中最直接的联系者，大学生们可以向辅导员倾诉自己最近遇到的问题，这种问题涉及学生学习和生活的各个方面，因此常常会占据辅导员大量的时间，辅导员们在自己空闲时间也会担心自己的学生，这不仅会减少辅导员们的休息时间，也会使他们身心俱疲，长此以往下去就会使辅导员们对

---

[1] 姚海田、胡晓波、陈熙：《基于心理动力学的辅导员队伍建设研究》，《中国石油大学学报（社会科学版）》2012年第6期。

工作产生懈怠，因为人总要向自己的亲朋好友表达自己的情绪，得到他们的关怀和支持，从而使自己能够不断得到调整，以更加充沛的精力投入工作之中。"无论多么完善的管理制度，若失去了人文主义的关怀，则犹如一道没有任何作料的菜，令人乏味。"所以，各个高校除了以更加完整的制度去规范辅导员们的工作外，还应该给予必要的人文关怀，让辅导员以更加饱满的激情投入教育事业之中。

三是满足高校辅导员的尊重需求。这种尊重需求包括辅导员自尊和受到他人尊重。这种自尊主要指的是，辅导员在自己的工作领域中，能够胜任某一工作或者表现出超出一般水平时的自信，从而让自己在行业中，不断开发出自己的潜能。而受到他人尊重是指，自己的工作能够受到正视、自己的劳动成果能被公平的对待、自己能够得到他人的高度评价以及观点能够得到自由的表达。而事实是，在当前阶段，辅导员的职业得不到正视，很多人包括学生在内，都会对这个职业本身产生一定的认知偏差，这种问题产生的原因主要是，辅导员建设的相关制度和设施还不够完善，他们不能像学校其他老师或是技术工种一样得到同等的待遇，反而需要往返奔赴于学校和学生之间，帮助他们处理各种杂事，自己得到和付出不能成正比。要想改变这种局面，离不开多方的努力，一方面，就高校辅导员自身而言，自己要从心里面重视自己的职业，在实践的基础上去努力提高自己的专业水准，多向经验丰富的老师学习，在自己的岗位上尽心尽力，在劳动和奉献中实现自身的人生价值。另一方面，社会也应该积极地做好宣传辅导员的工作，引领大家树立对这个职业的正确认知，改变以往大家对辅导员工作的片面认识，从而使人们能够平等地看待这个职业，使社会普遍形成良好的文明风尚，达到积极的践行社会主义核心价值观的目的。此外，国家也应该将辅导员建设纳入教师的发展体系之中，使辅导员们和老师能够处于同样的社会地位，得到同等的尊重和同样的发展前景，让更多在严峻的就业压力下却又渴望从事教育事业的毕业生们能够多条选择，为中国的教育发展贡献出一分力量。不容忽视的是，学校也应该制定相应的考评机制以及奖励机制让老师们自身感觉受到尊重。只有通过多方面的努力，才能使辅导员们的尊重需求得到真正的满足。

四是满足高校辅导员自我实现的需求。实现自我价值是每个人立足社会的毕生追求。个人在从事某一项事业的时候，如果能给他人带来一定的美好享受，而且自己又能从他人的反馈中获得一定的幸福感和满足感时，那么他就会不断地激励自己，使自己以更加饱满的状态投入工作当中，从而达到实现自己人生价值的目的。辅导员是大学生教育的引路者、指引者，常常工作繁忙，但是这并不意味着他们只是盲目的遵从学校的指示，负责大学生的日常管理工作等诸多事宜，对自己的生活毫无规划。他们也希望能从自己的工作中获得满足感和成就感，也希望能以愉悦的心情投入教育事业之中。他们渴求能够向其他教师一样，有机会能够提升自己的专业水平，在自己的工作中发光发热，从而能够更好地服务于学生。但是，当前一些辅导员们开始离开自己的工作岗位，究其根本原因，主要就是因为他们的价值需求得不到满足，所以让自己很难立足。

在高校的思想政治教育工作中，辅导员们占据了重要的地位，在一定程度上满足辅导员们的自我实现的需求，不仅可以提升他们的自我价值，也有利于教育工作的顺利进行，因此需要学校和辅导员们自身做出一定的努力。在"五育并举"型辅导员队伍建设时，要从辅导员的角度考虑他们的需求，使他们能够最大限度地发挥工作的积极性。因此在加强辅导员队伍建设时，高校应该好好地运用马斯洛需求层次理论，创新工作的方法，使高校辅导员和大学生们都能从中受益。

二、职业生涯管理理论

（一）职业生涯管理理论的内涵

职业生涯管理理论主要指的是围绕单位或企业和个人的发展前景，找到二者之间的内部联系，并制定职业生涯规划以满足双方共同需求的管理理论。职业生涯管理是单位帮助员工制定其职业生涯发展的一系列规划的活动。只有当把个人目标和企业目标有机结合在一起时，职业生涯管理的作用才会得到有效发挥。职业生涯管理就是单位和个人对职业生涯进行的一系列活动，主要包括设计、规划、执行、评估和反馈五个方面。职业生涯设计和规划是指单位和个人基于共同意愿从自身角度出发，希望能够不断地发展自己、实现自己的职业目的而一起制定的个人发展目标和发展道路的活动。单位和个人是职业生涯设计和规划的主体。个人基于现有的工作，在完全把握自己整体规划的基础之上，根据自己的兴趣、能力和对未来发展的清晰认识，合理的设计自己未来的发展方向，此外，单位也应该向员工主动提出自己未来的发展计划和政策，帮助员工们设计更加完善的职业生涯路径，使个人利益和组织利益能够得到有机结合。而职业生涯规划就是指的在设计完自己的职业生涯道路之后，围绕自己的目标活动所进行的一系列准备，从而使自己能够迈向上一步阶梯，这种准备包括对专业知识技能的提升、综合素质的培养及工作经验的积累等等。与此同时，职业生涯规划的具体实践则表现为一个由浅入深，层层递进的动态发展过程。而职业生涯的执行、评估和反馈过程就是职业生涯的具体实施阶段，在这一阶段员工们慢慢地向自己的目标迈进，冲向更高层次的岗位，直到实现自己的发展目标。随着员工们岗位的变化、层次的上升，这对员工们自身也提出了一定的要求，他们需要调整好自己的心理状态来适应自己职业的变化，迎接新的挑战。单位也应该提供一些必要的培训，帮助他们打造过硬的抗压素质，使员工们能够更好地适应自己的工作。职业生涯管理理论的科学性在于它不仅充分的考虑了员工想做什么、可以做什么的问题，而且还在单位了解员工的计划基础之上，融入了单位的发展目标和政策计划，使得当员工们的个人目标实现时，对单位也会做出一定的贡献，从而使单位和个人共同都能得到发展，并且单位还给予员工们最大程度的支持，帮助他们实现自身的目标。因此员工们在自己的工作中总会干劲十足，以实现效益的最大化。

基于以上分析，可以看出职业生涯管理理论的积极作用在于：

一是有利于实现个人的全面发展。人的全面发展是马克思主义理论的重要内容，实现个人的全面发展是每个人一生的重要目标，而职业生涯管理能够有效促进个人全面发展的实现。职业生涯管理的意义就在于，每个人由于自己设计自己的职业生涯，因此在工作之中会有足够的热情和信心并充分调动自己的积极性去面对任何难题，以满腔的激情投入自己的事业之中，并不断激励自己完成目标。赫兹伯格的双因素激励论认为，相较于物质这种外在奖酬，他对人们的激励是有限的，而个人对工作的激情和兴趣是无限的，所以人们才有无限的动力去面对工作的一切挑战，去不断促进自身的全面发展。另外，职业生涯管理理论的巧妙之处在于，人们根据自己的职业生涯设计，会重新地评估自己的能力、现有与潜在的资源，找到个人目标与现实之间的差距，对自己的实力进行重新定位，综合分析自己的优势和劣势，从而找到更好地实现自己职业生涯目标的途径。在这个过程之中人们会采用可行的计划与措施，去提高自己的个人竞争力，比如会不断的学习相关的专业知识，提升自己的专业水平，也会在实际的工作当中，积累一些经验，向前辈们取经、提升自己的综合素质并根据自己的个性和需要去对自己进行全方位的培养，因此这不仅会积累一定的人力资源，促进自己社会关系的发展，而且根据马克思主义基本原理所揭示的，当量变积累到一定程度的时候，必然会引起质变，所以同理，当人们不断提高自己的时候，个人的能力就会慢慢变得与自己的目标任务相匹配，使自己更上一层，并且当各人能力得到提高、需求得到满足时，人们就会有更大的可能性去实现自己的发展目标，并在实现的过程中，促进自身的全面发展。所以职业生涯管理理论不仅有利于帮助员工实现自身的职业目标，也可以促进员工们劳动、能力、需要、社会关系以及个性自由的全面发展，使他们能够真正实现自己的人生价值。

二是有利于单位和企业对人力资源进行科学有效的管理。员工们对自己职业生涯的设计和规划，虽然是基于个人对未来发展目标所制定的，但是也离不开企业和单位对他们提供的指导和帮助，单位和企业在帮助他们实现目标计划的基础之上，也在积极地找寻适合的员工，达到人尽其用的目的，从而为自身留住人才。现阶段，有的单位和企业对员工们的培养与员工们自身是完全脱节的，他们不考虑员工的利益和发展规划，不考虑员工们的兴趣和禀赋，只是按照标准化的正常模式，对大多数的员工进行同样培训，让所有人都要掌握同样的工作技能、积累同样的工作经验，按照同样的工作模式，投入到集体工作之中，这样做既不利于个人才华的展示、个人目标的实现，也不利于单位和企业发现相关工作的人才，从而容易造成培训和使用不相匹配、培训和晋升相互脱离的情况。因此各个单位和企业要充分发挥职业生涯管理理论的最大效能，针对不同员工的特点和员工们自身的规划，并通过结合企业或单位未来发展道路，对企业或单位的员工进行科学有效的动态管理，使员工们能够利用相关资源来满足自身的利益需求，实现自己的价值，企业和单位也可以尽最大可能地实现人力资源的优化配置，使得在人力资源动态管理的过程中，实现自己的战略目标。另外，实施职业生涯管理，并不意味企业和单位只重视对大家公认的、具有较强的专业知识并在内部已经取得一定职务的人才进行培训，还注重对潜在人才的挖掘与培养，为他们能够进一步提高创造条件，另外二者也不会放弃在工作中能力较弱的员工，也会为他们提供一些指导和帮助，帮助他们制定更加清晰、适合的职业生涯规划，使他们也能够慢慢地提升自己，实现自己的人生目标。因此，在实践的基础之上，立足自身的实际情况,科学合理的运用职业生涯管理理论,可以多方面的优化人力资源结构,并对人力资源进行有效的管理,在一定程度上可以减少人才流失,使单位和企业留住更多的人才。

三是有利于同时满足单位、企业和个人的双重利益。"人本主义"的管理原则要求同时兼顾单位、企业和个人的发展,以至于更好地实现双方的共同利益。而职业生涯管理理论就深刻地体现了这一管理原则。高校与辅导员二者为了求得彼此间良好的发展首先应该是相互依存的,而这种依存关系就是目标的一致性,这种一致性主要体现在如事业、薪酬、感情等方面。因此实行职业生涯管理就是要找到组织和个人之间的内部发展联系、找到二者之间的利益共同点,使双方共同合作,从而实现双赢。独木不能成舟,个人要想更好地实现自己的目标,离不开企业和单位的支持与帮扶,企业和单位要想实现自己的战略目标,更需要员工们齐心协力、共创佳绩。所以二者之间要相互合作,谋求共同发展。通过运用职业生涯理论,在实施职业生涯管理中,员工们虽然根据自己的初衷、目标来设计自己的职业蓝图,但是为了能帮助员工们更好地实现自己的规划,同时也是出于自己利益的考虑,单位和企业也会结合自己的战略任务,帮助他们设计更加合理的职业生涯,所以当个体成功的实现职业生涯计划,并从较低层次上升到较高层次的岗位时,也实现了单位和企业的目标。以人民为中心的发展思想,深刻的体现在国家经济、政治、文化、社会生活各个方面,所以各个企业和单位,要积极地向国家靠拢,积极的践行这一指导思想,在职业生涯的管理中,单位和企业要始终坚持为员工着想,帮助他们解决职业生涯中的各种难题,给他们提供优质的待遇,给他们相应的指导,让他们没有后顾之忧地投入到自己的事业之中。

(二)基于职业生涯管理理论的辅导员队伍建设的理念

一是高校要量才适用。"五育并举"型辅导员队伍建设的主要目的就是为了能够不断提高辅导员队伍专业化、科学化的水平,使他们能够最大限度地发挥出自己的才能,以至于在教育事业中能够发光发热,并以更加饱满的状态投入工作之中,从而落实好立德树人这个根本任务,为国家培养优秀的社会主义事业建设者和接班人。以"五育"为视角,加强高校辅导员的队伍建设,就是要将德智体美劳融入到辅导员培训之中,使他们能够充分发挥自己的才干,挖掘出个人的潜力,找到更加适合自己的教育岗位,并对自己的职业生涯进行合理的规划,在这其中高校可以根据辅导员们的培训情况,对他们的综合能力进行科学有效的评估，找到辅导员身上的闪光点，对不同类型的人才，进行合理的人力资源管理，把他们放在合适的岗位上，人尽其用，从而使每个人都能发挥出自己最大的优势。而现实情况是，近年来，许多高校在任用辅导员时，不考虑辅导员自身的诉求，只是单方面的把他们放在紧缺的位置上，以填补职位的空缺，所以往往很难调动辅导员自身的积极性，长此以往，既满足不了自己的自身需求，也实现不了自己的个人价值，还会影响工作效率，阻碍中国教育事业的发展。所以将"五育"的内容贯穿到高校辅导员队伍的建设之中，就是要使辅导员在发展的过程中，结合自己的职业生涯规划，根据自己的兴趣，挖掘自己的个人潜力，从而找到实现人生目标的正确途径，更重要的是，有利于学校整合人力资源，为相关岗位搭配适用性人才，使教育工作能够更加有效的推进，在实现辅导员自身价值的过程中，使教育事业蒸蒸日上。

二是高校要以满足辅导员自身的需要为主旨。根据职业生涯管理理论所揭示，不管是在企业还是单位，当他们帮助个体发展职业生涯、管理个体职业生涯目标的同时，也会实现单位自身的目标，从而达到单位利益和个体利益的最优解。因此，将"五育"贯穿到高校辅导员队伍的建设中，不仅要出于对学校发展的考虑，还要从教师的角度入手，各项措施和政策要时刻贴合他们的自身诉求，帮助他们制定合理的职业生涯规划，还要为辅导员的发展多创造可行的职业路径，通过可行的职业路径在帮助辅导员们了解自我的同时，也使学校掌握了他们对于未来的职业规划，这样就可以使学校排除万难，帮助他们实现自己的发展目标。首先，在对高校辅导员队伍进行建设的进程中，学校可以对那些管理水平较高、专业知识丰富、综合素质较好且对自己未来规划清晰的辅导员们进行一些有针对性的培训，或是给他们提供一些进修的机会，使他们能够得到不断的锻炼、提高自身能力。其次，学校可以帮助他们发现更多可能性。通过"五育"来加强高校辅导员队伍的建设，可以使他们得到全面的发展，帮助他们找到更多的职业可能性，即使离职，也能有一技之长。最后，学校也可以创新自己的奖励制度，比如：对于一些表现突出、工作能力较强的辅导员，可以给予他们适当的奖励，提高他们的工作积极性，给予他们的待遇也可以适当地向教师们倾斜，提高辅导员们的工作热情，以满足他们自身发展的需要。高校对于辅导员队伍的建设，虽然从大方向来说，是为了能够更好地发展教育事业，但也离不开辅导员们自身的发展，因为总体是由同质个体组成的，当个体不断进步的时候，总体也势必会促进自身的发展。所以在"五育"视域下，加强高校辅导员队伍建设，必须以满足辅导员自身的需要为主旨，帮助辅导员实现职业生涯目标。

三是辅导员队伍建设离不开多方面的共同努力。"五育并举"型高校辅导员队伍建设是一项涉及全方面、多层次的综合性工作。离不开辅导员、学校、教育部门的多重努力。首先，对于辅导员自身而言，他们要合理的规划自己的人生，对自己的职业生涯有一个准确的把握。在培训的过程中，要给自己一个清晰的定位，找到最适合自己的发展方向，并结合自己对未来发展趋势的判断，制定出适合自己的人生目标。其次，高校对辅导员队伍的建设也应该积极地发挥作用，不仅要帮助辅导员们找到实现人生目标的正确路径，更好地实现自身的价值，还应该引入职业生涯管理理论和方法，推动辅导员队伍建设走向更加专业化、科学化的道路。高校对辅导员职业生涯的管理和对人力资源的整合，要根据辅导员自身的发展目标和发展规划，对辅导员提供良好的平台，使他们能够在锻炼的过程中，不断提高自身实力和管理能力，还要为他们提供广阔的空间，打造他们的可持续发展能力，让他们在实现自己职业生涯目标的时候能够拥有更多的可塑性。最后，除了高校、辅导员们要努力外，各级教育部门也应该给予他们高度的配合，提高给他们一些必要的社会资源，解决学校的一些基础需求，各种方针、指导，要以贴合他们的实际需求为准，尽最大限度地让学校建设工作顺利进行，成为他们的坚强后盾。通过多方面的努力，不仅可以促进辅导员自身的全面发展，还可以加强辅导员队伍建设，从而实现个人和组织的真正统一，逐步完成辅导员队伍职业化和专业化的进程。

作为大学生成长成才路上重要的指引者和推动者，辅导员这个职业越来越受到人们的重视和关注，对辅导员职业生涯的管理和思索开始成为一个重要的现实问题。将职业生涯管理理论引入高校辅导员队伍的建设中，不仅可以帮助辅导员完成自己的职业生涯目标，还可以将辅导员的人生规划和学校的发展有机结合起来，实现双方利益的最大化，从而使学校拥有一支高素质、专业化的辅导员队伍。

三、教师专业发展理论

近年来,随着我国综合实力的显著提高,国家对教育事业的发展也越来越重视。大力发展教育,提升教育质量,就必须把教师放到主体地位。《中共中央国务院关于全面深化新时代教师队伍建设改革的意见》中强调要推进中青年教师专业发展,强化教师教育师资队伍建设,提升教师专业素质能力,为建设人力资源强国,办好人民满意的教育提供有力的智力支持和人才保障。所以教师们要不断提高自己的专业水平,加强自己综合能力的提高,以更好的落实立德树人这个任务。

(一)教师专业发展的内涵

在当今世界,对教师专业发展的相关研究,一直备受教育界的重视。如何推动教师队伍走向更加专业化的道路,一直是我们的首要议题。一方面,从教师自身来考虑,推动教师专业化发展,就是指老师在通过系统的培训后,使自身的整体实力、综合素质、得到全面的提高,而这种提高主要就是包括对自我教学能力、自我知识水平、自我发展能力的提高。当自己得到全方位提高的时候,也必然会使自己具有更加强劲的职业竞争力、更加接近职业生涯目标,从而为实现人生价值打下坚实的基础。教育不仅是一项事业,一份工作,更体现的是一种教师对学生的责任感、使命感,所以教师在自我提升的过程中,也不能忘记对自己情操的培养,要努力提高自己的服务意识和贡献意识,要致力于为培养更加合格的社会主义建设者和接班人而奋斗终生。另一方面,从社会乃至整个国家的发展来考虑,提高教师的专业化水平,不仅是为了满足教师个人的需要,国家为了能够发展教育事业、建立人力资源强国、提高综合实力,也需要对师资队伍提出一定的标准,使他们能够朝着更加稳定,专业化的方向发展。因此,为了推动教师队伍能够走向更加专业化的水平,教师们自己应该不断地进行自我总结与反思,多向一些优秀的教师学习,学习他们的先进经验,并结合自身情况,取长补短。另外,老师们可以相互取经,多多沟通和交流,互相探讨一些教育过程中的难题,然后一起找到解决的问题措施。比如:可以互相听课、开展课堂教学活动,以达到互相帮助的目的。学校,可以通过开展一些讲座,向老师们传达上级的指示精神,再开展一些培训活动,让老师们能够在实际操作的过程中,进一步提高自己的教学素养,提高自己的教学能力,使理论和实践能够得到有机结合。

教师专业化的发展是一个长时间的过程，是经验不断丰富，能力不断提升的过程。

（二）教师专业发展的首要任务

教师专业发展的目的，就是不断提高教师队伍专业化、科学化水平，使他们能够不断实现自身的全面发展，为办好人民满意的教育提供不竭的人力保障、智力支持。其中，师德养成是教师专业发展的首要任务。"师德"主要是指一切从事教育的工作者以及教师们在进行思想政治教育或是教学活动中，必须遵守的行为规范和道德准则，主要包括教师的道德品质、道德行为、道德情操、道德习惯等。现实社会中，一些老师虽然知识渊博、才华横溢，但是背地里却做出违反师德的行为，比如：在教育教学活动中，传播有违党和国家方针政策的言行；在招生、考试、考核评价、职务评审、教研科研中弄虚作假，以及对学生进行不公正的评价，这些错误的行为，在一定程度上都会侵蚀学生的思想，影响他们对事物的判断力。因此，在对教师们进行专业技能培养的时候，首先，就应该帮助他们养成师德，然后再去提高他们的专业水平。对于师德的养成，具体要求如下：

坚持师德素养提升与育德水平同步发展。《关于加强和改进新时代师德师风建设的意见》中明确提出"突出课堂育德，在教育教学中提升师德素养"，从中可以看出，二者的相互关系。"育德"主要是指对受教育者进行思想政治的教育活动，使他们养成良好的道德品质。育德水平的高低很大程度上取决于教师自己的师德素养，因为只有当他们自己的行为符合道德规范和行为准则的时候，才会以同样的标准去帮助受教育者养成良好的品德，而且，当育德水平提升的时候，也可以让教师们不断完善自己的行为。师德素养的提升，必须在育德过程中加以实现。

坚持在学科育德中提升师德素养。学科教学是育德的重要阵地，老师们对学生的教学不能仅仅只是提供他们对专业知识的解答，在这个过程中，可以帮助他们联系社会生活的实际，将对知识的学习与品德的养成有机结合起来，教学的实施形式应该贯穿社会主义核心价值观的内容，使他们能够积极地践行社会主义核心价值观，提升自己的品德修养。教师要不断地提高自身的素养，在学校生活中言谈举止、处事原则，应该成为学生们的榜样。将科学育德与师德素养有机结合起来。

坚持师德素养与专业生活的有机联系。师德素养的提升及养成，不应该只是在学科教学中进行，还应该从多种方面进行提升。一个人师德的养成和他自身的品德有很大关系。在现实生活中，师德素养总是涉及专业生活的方方面面。因此，要在生活当中，好好的培养自身修养，提升自己的师德素养。

（三）教师专业发展理论的内涵

如何办好人民满意的教育，提高教育的质量和水平，一直是人们关注的重点。"百年大计，教育为本，教育大计，教师为本"，现代教育发展是否成功，和教师们自身的发展有很大的关系。因此，不断提高教师专业化的发展水平，就显得尤为重要。教师专业的发展既要重视对专业知识的学习，也不能忽视对实践性知识的积累。其发展，既要满足自身的需要，也出于对学生学习的考虑，还要立足于国家的教育目标，以及人民的殷切希望。教师专业的发展不是一个阶段性的过程，而是需要一个长时间的积累，用自己的一生去努力学习的过程。因此，可以围绕实践性、社会性、永久性三个角度去把握教师专业发展理论的内涵。具体分析如下：

首先，从实践性的角度来看，实践性知识就是指，在实践的基础之上，去不断获得知识。这种知识就是教师专业发展过程中，能够提高教师专业发展能力、水平的知识。这种知识不是通过培训就能获得。由于知识是通过实践取得的，因而相较于通过其他形式获得的理论知识，这种知识的获取更加具有特殊性。这种特殊性不是指，在实践基础上获得的知识比通过其他途径获得的更加丰富，而指的是它是教师们自己投身于实践活动所获得的知识，因而对于知识的掌握和使用，他们也更加清晰，操作也更容易上手。教师专业发展能力的提升，不仅需要教师们丰富自己的专业知识、提搞自身综合素质等方面能力，还要求他们能够积极地投身于实践，努力地从实践中获得真知，以此不断提升自身实力，促进自我发展。因此，老师们需要不断去提高自己的实践能力，从实践性出发体会教师专业发展理论的深刻内涵。

其次，从社会性的角度来看，教师在成长发展的过程中，必然会受到多种因素的影响，比如：国家的政治制度、社会发展水平及生活环境等等。这些因素在一定程度上都会影响教师的专业化发展方向。因为，教师在发展的过程中，除了按照个体的职业规划，努力实现目标，不断提高自己能力的时候，也会受到国家方针、政策的影响，这就要求他们要利用好、学习好各项政策，来为自己的发展谋求更好的出路，以至于能够更大限度实现自身价值，促进自身的全面发展，从而更好地落实国家的教育任务。另外，更加重要的是，教师在进行教学活动的时候，学生们希望能够通过老师的指导来不断提高自己，家长们也希望，老师给予学生更多的关怀，所以，这就要求老师们具备一定的责任感和奉献精神，在满足自我需要的时候，不断地加强自身道德修养，提升自己的综合素质，推动教师队伍朝着更加专业化的方向发展。以社会性的视角来看待教师专业的发展，教师们必须结合多面因素来思考自己的职业规划，才能成为一名合格的教育者。

最后，从永久性的角度来看，"活到老，学到老"是终身教育的核心思想，知识经济时代也要求"人人学习，时时学习，处处学习"。教师专业化发展是一个长时间的、涉及全方位的动态发展过程，不能急于求成，更不能以某一时间作为限定。这要求教师们自身需要树立终身学习的理念，这种学习既包括自我学习，也包括向他人学习，既包括对专业知识的学习，也包括对实际经验的掌握。新时代新要求，对教师行业的发展也提出了更高的要求，无论自身能力如何，教师们都应该时时学习、处处学习，不断地从学习中积累经验和教训，不断完善自己，提高自身的知识水平。生命不息，学习不止。总之，无论是从实践性、社会性还是永久性的角度来看，都要求教师作为一个学习者，通过不断的学习来促进自身发展。在当今时代，知识是核心竞争力，而学习是获取知识的主要方式。因此，教师们只有通过不断的学习，才能走在时代前沿，推动自身向前发展。

第三节　中国特色的教育理论

一、习近平总书记关于教育的重要论述

深入学习习近平总书记关于教育的重要论述的科学内涵，有助于我们从整体上把握党对教育规律的认识，从而更好地武装头脑、指导实践，为推动新时代中国特色社会主义教育事业的改革和发展提供基本遵循，为在五育并举"型高校辅导员队伍建设强大的思想武器和理论指南。因此，本章节主要从以下几方面来阐述习近平总书记关于教育的重要论述。

第一，加强党对教育事业的全面工作领导，是办好教育的根本保证。我

国人口多、地域广，每年适龄儿童上学都呈逐年上升的趋势，不同地区的儿童对教育的需求又呈现出不同的变化，各个地区的发展水平还不平衡，因此教育工作的开展也变得异常艰难，此外，越来越多的人也开始挤入教育这个行业，教师、辅导员等职业也开始受到人们的热捧，因此，对他们也提出了更高的要求。而如何运用庞大的教育体系使不同地区年龄段的孩子都能接受良好的教育，并推动中国教育事业的发展呢？中国特色社会主义最本质的特征是中国共产党的领导，中国特色社会主义制度最大的优势是中国共产党。习近平总书记强调："加强党的领导是根本保证，教育部门和各类学校的党组织要增强四个意识、坚定四个自信，坚定不移维护党中央权威和集中统一领导，各级党委要把教育改革发展纳入议事日程，党政主要负责同志要熟悉教育、关心教育、研究教育。要精心培养和组织一支会做思想政治工作的政工队伍，把思想政治工作做到日常、做到个人"。习近平总书记这些论述，深刻说明了党的领导是推动中国特色社会主义教育事业发展的根本保证，只有坚持党的领导，才能办好教育事业。

第二，坚持把立德树人作为根本任务。习近平总书记指出："培养什么人是教育的首要问题。我国必须培养合格的社会主义建设者和接班人，培养一代又一代拥护中国共产党的领导和我国社会主义制度、立志为中国特色社会主义奋斗终身的有用人才"。这是教育的根本任务，也是教育现代化的方向目标。引导学生树立共产主义远大理想和中国特色社会主义共同理想，此外习近平总书记还倡导构建德智体美劳全面培养的教育体系，以培养出更高水平的人才。因此，作为学生我们不仅要学习党史、新中国史、改革开放史、社会主义发展史，还要学习革命先辈的优秀事迹，以增强自己对中国社会主义事业的理解，帮助自己树立共产主义远大理想，还要积极的践行德智体美劳全面发展的理念，以使自己成为合格的社会主义建设者和接班人。

第三，坚持优先发展教育事业。教育兴则国家兴，教育强则国家强。教育直接为一个国家建设提供大量人才资源。十年树木，百年树人，如果一个国家经济发达，却忽视教育事业，那么这个国家注定不能长久发达。因为，一个国家教育事业的发展情况，直接关系这个国家的生死存亡，影响着民族复兴和国家的长久治安。习近平总书记强调："要坚持优先发展教育事业作为推动党和国家各项事业发展的重要先手棋，不断使教育同党和国家事业发展要求相适应、同人民群众期待相契合、同我国综合国力和国际地位相匹配"。

由此可以看出以习近平同志为核心的党中央对我国教育事业发展的重视。所以，必须把教育事业放在国家发展全局的首要位置，不断扩大人力资源的投入，以教育带动国家发展。

第四，坚持社会主义办学方向。培养什么人是教育的首要问题。一个国家教育事业的发展，首先要确定它的目标和方向。一旦掌握目标和方向，才能有前进的动力。习近平总书记明确要求："我们办的是社会主义教育，要培养社会发展、知识积累、文化传承、国家存续、制度运行所要求的人，培养一代又一代拥护中国共产党的领导和我国社会主义制度、立志为中国特色社会主义奋斗终身的有用人。这是我们思考和谋划教育工作的逻辑起点，也是必须牢牢把握的正确政治方向"。因此，中国特色社会主义的教育事业，就是要培养一代又一代社会主义合格的建设者和接班人。

第五，坚持扎根中国大地办教育。中华民族自古以来就重视教育，从古代的学堂到今天的学府，都体现了人们对求知的渴望。习近平总书记在谈到高校建设时一再强调："要认真学习、借鉴国外的有益经验，但关键的还是坚持中国特色、扎根中国大地。我国有独特的历史、独特的文化、独特的国情、独特的优势制度，决定我们必须走自己的教育现代化之路。因此，在发展教育事业的过程中，我们可以积极的吸收他国的经验教训，但这并不意味我们要全盘吸收，我们可以借鉴其中对我们有益的，符合中国特色社会主义性质的成分，再结合本国实际走出一条独特的教育化现代之路。要始终坚持马克思主义的指导地位，扎根本土文化，立足基本国情，走出一条中国特色的教育现代化之路"。

第六，坚持以人民为中心发展教育。坚持"以人民为中心"的发展思想体现在我国经济、政治、文化、社会生活的方方面面。当然发展中国特色社会主义教育事业，也必须始终坚持以人民为中心的发展思想，做到发展依靠人民、发展为了人民、发展成果由人民共享，使全体人民都能够接受教育。习近平总书记强调："人民对美好生活的向往，就是我们的奋斗目标。教育公平是社会公平的重要基础，要以教育公平促进社会公平正义，努力让每个人享有受教育的机会，获得发展自身、奉献社会、造福人民的能力。"中国共产党始终坚持从群众中来到群众中去的工作路线，一切奋斗都致力于实现最广大人民的根本利益。习近平同志关于教育的重要论述，深刻地体现了以习近平同志为核心的党中央始终坚持以人民为中心的思想，为办好人民满意的教育而矢志奋斗。

第七,坚持深化教育改革创新。与时俱进是马克思主义最重要的理论品质。这种与时俱进的理论品质要求我们必须在实践的基础上不断进行理论总结和理论创新。教育从根本上讲直接关系国家的前途命运,特别是随着时代的不断变迁、社会的不断发展,我们更加需要在实践中去不断的改革创新,使教育事业永远焕发生机和活力。习近平总书记强调:"必须更加注重改革的系统性、整体性、协同性,及时研究解决教育改革发展的重大问题和群众关心的热点问题,以改革激发活力、增动力。积极投身实施创新驱动发展战略,着重培养创新型、复合型、应用型人才。要扩大教育开发,同世界一流资源开展高水平合作办学"。习近平总书记关于教育的重要论述贯穿着强烈的改革创新精神,为国家教育事业的改革提供了科学指引。只有不断进行改革创新,贴近人民群众,才能办好人民满意的教育,使教育事业更上一层楼。

第八,坚持把服务中华民族伟大复兴作为教育的重要使命。中国共产党人的初心和使命就是为中国人民谋幸福,为中华民族谋复兴。习近平总书记强调:"实现'两个一百年'奋斗目标、实现中华民族伟大复兴中国梦,归根结底靠人才、靠教育。要为人民服务,为中国共产党治国理政服务,为巩固和发展中国特色社会主义制度服务,为改革开放和社会主义建设服务"。习近平总书记着重强调了教育对实现中华民族伟大复兴的重要作用,教育是兴国之大计、党之大计。因此必须将发展教育事业贯穿到我国社会主义建设的全过程,通过发展教育事业,培养大批合格的社会主义建设者和接班人,从而为国家的发展提供不竭的人力资源,以为实现从教育大国到教育强国的转变打下坚实的基础。

第九,坚持把教师队伍建设作为基础工作。教师在教育活动过程中起着主导性的作用,而学生作为受教育者,其接受的知识主要是从老师中获得的。因此,这就需要老师自身能够不断的提高自己,并保持终身学习的态度,从而使自己能够更好地投身于教育事业之中。习近平总书记指出:"教师是教育工作的中坚力量,没有高水平的师资队伍,就很难培养出高水平的创新人才,也很难产生高水平的创新成果"。目前教师队伍在建设的过程中效果还存在许多问题、面临不小的挑战和考验,但是更加需要我们团结一心,关心教师的健康,维护他们的合法权益。努力提高教师的综合素质,使他们能够朝着更加专业化的方向发展,提升我国教师的整体实力。

习近平总书记关于教育的重要论述既继承了中华民族的优良传统，又体现了新时代中国特色社会主义的国家性质，是马克思主义基本原理同中国教育的具体实际相结合的重大理论创新，深刻的展现了马克思主义中国化的重要内涵，为新时代推进国家教育事业的发展提供了重要的理论指导和行动方向。我们要深刻的学习习近平总书记关于教育的重要论述，在思想上和行动上自觉同党中央保持高度一致，确保国家关于教育的部署能落到实处。

二、全国教育工作系列重要会议精神

全面深入的学习全国工作系列的重要会议精神，有助于我们从整体上把握党中央对我国教育发展的认识，为新时代推进教育工作的发展提供基本的指南。

一是坚持人民至上的价值取向、强化责任意识。人民群众是社会历史的财富的创造者、是社会精神财富的创造者、是社会变革的决定力量。人民群众始终都是党和社会主义事业的依靠力量。《中国共产党章程》中明确指出："坚持全心全意为人民服务。党除了工人阶级和最广大人民群众的根本利益，没有自己特殊的利益。"党为人民群众服务不仅体现在经济、政治、文化还体现在社会生活的方方面面。办好人民满意的教育一直是人民群众关心的头等大事，为此党中央从人民的角度出发，在全国教育大会上深刻指出："必须坚持人民至上的价值取向、强化责任意识"，始终为办好人民满意的教育而不懈奋斗。

二是培养德智体美劳全面发展的社会主义建设者和接班人。"我国是中国共产党领导的社会主义国家，这就决定了我们的教育任务必须把培养社会主义建设者和接班人作为根本任务。"要落实立德树人的根本任务，培养全面发展的综合型人才。另外总书记在全国教育大会上指出："坚决克服唯分数、唯文凭、唯论文、唯帽子的顽瘴痼疾，从根本上解决教育教育评价指挥棒子"。习近平同志深刻地指出了我国教育发展的任务，为教育事业的发展提出了前进的方向。习近平总书记多次指出："教育是提高人民综合素质、促进人的全面发展的重要途径，是民族振兴、社会进步的重要基石，是对中华民族伟大复兴具有重要意义的事业。"说明新时代对推动中国教育事业的迫切，必须大力发展教育事业。

三是加强教师队伍建设。立德树人是新时代高校教育的根本任务，要落实这一任务就必须构建德智体美劳全面培养的高质量教育体系。而要落实这一目标就必须加强教师队伍建设。加强教师队伍建设是全国工作教育大会的重要指示。教师是学生们前进路上的指路人，是教育发展的第一资源，肩负着传播知识、传播思想、传播真理的历史使命，因此教师们必须不断提高自己的综合素质，加强对专业知识的积累，不忘初心、牢记使命，为中国教育事业的发展做出贡献。加强教师队伍建设就需要老师们不断促进自身的全面发展，提高自身的整体实力，从而能够更好地培养出能够担当大任的时代新人。

四是推动教育改革开放新突破。改革开放是当代中国命运的关键抉择，是发展中国特色社会主义和中华民族伟大复兴的必由之路，只有通过改革开放才能使我国不断强大，持续推动中国教育事业的发展。近年来我国人口不断激增，各个群体对教育的需求又呈现多样化的趋势。2021年全国教育工作会议指出："深化教育改革创新，推动改革和发展深度融合高效联动。要深刻认识深化教育改革的阶段性新特点新任务，高水平编制教育"十四五"规划，推动教育评价改革落地落实，深化"放管服"改革，全方位高水平推进教育改革开发，为高质量发展增添活力"。因此，在新时代，我们更要紧跟国家的方针和政策，持续推动我国教育事业发展新高度，从而能更好地服务广大人民群众。

五是构建服务全民的终身教育学习体系。党的十九届四中全会《中共中央关于坚持和完善中国特色社会主义制度、推进国家治理体系和治理能力现代化若干重大问题的决定》明确指出："坚持和完善统筹城乡的民生保障制度，满足人民日益增长的美好生活需要。服务全民终身学习的教育体系是国家基本公共服务制度体系的重要组成部分，构建这一体系是让改革发展成果更多惠及全体人民的题中应有之义，对满足人民日益增长的美好生活需要具有重要意义"。从决议当中可以看出党对构建终身学习教育体系的重视。另外，2020年全国教育工作会议上也指出："要构建服务全民终身学习的教育体系。基础教育要在扩容和深化上下功夫，职业教育要在以质图强上下功夫，高等教育要在高质量内涵式发展上下功夫，继续教育要在供给能力和服务水平上下功夫。全面加强语言文字工作"。党始终坚持全心全意为人民服务的根本宗旨，所有政策、方针都致力于实现最广大人民的根本利益，构建终身教育体系不仅能够满足人民群众的需求、促进人的全面发展，在一定程度上也有利于推动中国特色社会主义教育事业的发展。

第三章 "五育并举"型高校辅导员队伍建设的价值意蕴

党和国家高度重视辅导员队伍建设,习近平总书记在全国高校思想政治工作会议上强调:"要拓展选拔视野,抓好教育培训,强化实践锻炼,健全激励机制,整体推进高校党政干部和共青团干部、思想政治理论课教师和哲学社会科学课教师、辅导员班主任和心理咨询教师等队伍建设,保证这支队伍后继有人、源源不断"。以"五育并举"培养德智体美劳全面发展的社会主义建设者和接班人,深入推进高校辅导员队伍建设,有助于加强改进高校思想政治工作,促进高校内涵式发展,符合大学生成长成才的客观要求,满足了辅导员自身发展的内在需求,是辅导员队伍建设的重要内容。

第一节 "五育并举"型高校辅导员队伍建设是高校内涵式发展的题中之义

2018年习近平总书记在同北京大学师生座谈时强调:"当前我国高等教育办学规模和每年毕业人数已居世界首位,但规模扩张并不意味着质量和效益增长,走内涵式发展道路是我国高等教育发展的必由之路"。所谓高等教育内涵式发展就是以提高教育质量为核心,以高等教育内部因素作为动力的发展。辅导员队伍作为高校思想政治教育工作的重要力量,其各方面素质的全面提高是落实立德树人、提高高等教育质量的有力保障和客观要求。

一、落实立德树人任务的有力保障

"五育并举"型高校辅导员队伍的建设发展对落实立德树人根本任务有很大的影响,要把握这个问题,首先要对立德树人的内涵有深刻的理解,并进一步把握二者之间的关系,解析新时期新的背景下加强辅导员队伍建设对立德树人的重要性。

(一)"立德树人"的时代内涵

党的十八大将"立德树人"确立为教育的根本任务,党的十九大报告进一步指出:"要全面贯彻党的教育方针,落实立德树人根本任务,发展素质教育,推进教育公平,培养德智体美全面发展的社会主义建设者和接班人"。

1. "立德"和"树人"的关系

要厘清立德树人的内涵,就要明确二者之间的关系。对于二者的关系,不同的学者有不同的认识,有的学者认为"立德才能树人,立德是前提,树人是目标,二者相辅相成,不可分割。""人无德不立,没有良好的道德品质,不可能实现人的全面发展"。有的学者认为立德和树人二者是辩证统一的,立德是为了树人,树人同时也是为了立德,二者互为前提;还有的学者认为,只有清楚了要树什么人,才能更明白要立什么样的德。这里我们采用大多数学者的观点,即"立德"是"树人"的前提和手段,"树人"是"立德"的最终目标。在"五育并举"视域下,只有辅导员和学生都在思想、道德和法律等各方面都具备了优秀的品质,才能成为真正意义上德智体美劳全面发展的社会主义建设者和接班人。

《现代汉语词典》中,"立"通常被解释为"树立""建立"的意思。《礼记》中《大学》篇谈到:"大学之道,在明明德,在亲民,在止于至善。"对于立德树人中"德"的含义,学术界大多从道德品质层面进行界定,认为主要是指道德。理解立德树人的"德",要立足于培养担当民族复兴大任的时代新人、社会主义建设者和接班人的战略高度。习近平在北京大学师生座谈会上谈到:"大学是立德树人、培养人才的地方,要把立德树人的成效作为学校检验一切工作的根本标准,真正做到以文化人、以德育人,不断提高学生思想水平、政治觉悟、道德品质、文化素养,做到明大德、守公德、严私德。要把立德树人内化到大学建设和管理各领域、各方面、各环节,做到以树人为核心,以立德为根本"。习近平总书记关于立德树人根本任务的重要论述,为我们厘清立德树人的思想内涵指明了方向。立德树人的"德"应该是"大德、公德、私德"的总称，与德智体美劳中的"德"含义相同，包括政治、道德、法律，即理想信念、道德品质和法治素养三个层面。"立德"就是在深入学习和把握习近平新时代中国特色社会主义思想，尤其是习近平关于教育和思想道德建设的相关重要论述的基础上，做到以下几个方面：

第一，着力培养学生构筑共产主义理想信念，引导学生树立正确的民族观、历史观、国家观、文化观；第二，牢固确立社会主义核心价值观，引导学生自觉遵守各个层面的价值准则，内化于心，外化于行；第三，厚植中华传统美德，不断汲取中华文化的精髓，树立高度的文化自信；第四，弘扬民族精神和时代精神，传承民族血脉，激发学生昂扬向上的活力与斗志；第五，树立全球观念和生态意识，引导学生树立人类命运共同体的理念，尊重自然、顺应自然、保护自然，与自然和谐相处，养成勤俭节约、绿树健康的生活习惯。

由此可见，"立德"强调的就是使人建立起良好高尚的道德修养和道德习惯，从而内化于道德认知，外化于道德行动。"五育并举"视域下，辅导员队伍更是要在加强自身道德建设的基础上，引导学生将德育贯穿于智育、体育、美育以及劳动教育全过程，切实立好德。

在《现代汉语词典》中，"树"被释义为"栽培"，比如："十年树木，百年树人"。由此可见，"树人"强调的是栽培或者培养人。"培养什么人、怎样培养人"始终是教育的永恒主题和根本问题。习近平总书记在全国教育大会上指出："培养什么人，是教育的首要问题。我国是中国共产党领导的社会主义国家，这就决定了我们要培养一代又一代拥护中国共产党领导和我国社会主义制度、立志为中国特色社会主义奋斗终身的有用之才"，这既是现代化教育的目标，同时也是树人的方向。新的历史时期，树人也有新的时代要求。对于新时代而言，不仅要培养社会主义事业的建设者和接班人以及德智体美劳全面发展的人，还应培养一批又一批担当民族复兴大任的时代新人。"树人"可以说在一定程度上解释了"培养什么人"的问题，对于高校辅导员队伍建设中的立德树人来说，"树人"包括两个重要的方面，一方面是将辅导员作为树人的培育对象，使辅导员成为更加完善合格的人，切实推进自身素养的全面提高和工作的有效开展；一方面是将学生作为树人的培育对象，引导学生加强自身道德建设从而实现人的全面发展，推进社会全面进步。

（二）辅导员队伍建设对落实"立德树人"的重要性

育人为本，德育为先。《普通高等学校辅导员队伍建设规定》（中华人民共和国教育部令第43号）第一章第三条明确指出："高等学校要坚持把立德树人作为中心环节，把辅导员队伍建设作为教师队伍和管理队伍建设的重要内容，整体规划、统筹安排，不断提高队伍的专业水平和职业能力"。党的十九大报告也指出："要把立德树人融入思想道德教育、文化知识教育、社会实践教育各环节，贯穿基础教育、职业教育、高等教育各领域，学科体系、教学体系、教材体系、管理体系要围绕这个目标来设计，教师要围绕这个目标来教，学生要围绕这个目标来学。凡是不利于实现这个目标的做法都要坚决改过来"。因此，以德为先，推动高校辅导员队伍建设，是落实立德树人根本任务的有力保障。

1. 辅导员队伍建设是培养学生崇德修身、思想先进的重要力量

尚德是中华民族根深蒂固的优良传统美德。"德者，本也"，人无德而不立，育人的根本在于立德"铸魂"。大学阶段正处于人生的关键时期，学生的品德修养正在逐渐定型，在这个阶段，学生接受到的品德教育关系到他们今后的思想道德水平。作为高校思想政治教育工作队伍的重要组成部分，辅导员不仅要扮演管理者的角色，同时也是人生导师，是知心朋友，是学生接触最频繁、最直接的人。首先，对大学生而言，辅导员正是道德塑造的典范，其思想道德修养水平在一定程度上影响着学生的思想道德教育效果，因此，对高校辅导员道德修养的培养显得尤为重要，通过加强辅导员品德修养，以德立身、以德立学、以德施教，做好表率作用，为学生提供了良好的品德示范，潜移默化的影响学生。只有切实提出更高的标准和要求，才能为思想政治教育工作过程中培养出新时期德才兼备的高素质人才奠定一定的基础。其次，品德作为衡量辅导员工作的软件，是辅导员个人人格魅力的独特体现，只有辅导员人品好，德行高，才能得到学生的拥护和爱戴，说话、做事才有感召力、影响力。在辅导员的日常工作中，仅仅依靠学校或学院的规章制度去管理约束学生的行为往往取得的效果不尽如人意。大学生作为行为主体，辅导员的一言一行都可能会对其日常行为产生影响，高校学生对于辅导员的态度具有明显的"向师性"，对辅导员的言行有一定的模仿倾向。一个品德高尚的辅导员培养出来的学生具有很高的道德修养，反之，如果辅导员自身都没有良好的师德，就会在日常学习生活中不自觉地将这些不良行为带给学生，影响

学生的德行。最后，具有崇高的职业信念，热爱辅导员工作，爱护并尊重学生，具有崇高的职业道德品质和崇高的精神境界、具有创新教育理念也是高校辅导员重要的道德素质。

大学生思想先进性不仅体现在加强自身思想道德建设，还要树立坚定的共产主义理想和信念。习近平总书记指出："我国高等教育发展方向要同我国发展的现实目标和未来方向紧密联系在一起，为人民服务，为中国共产党治国理政服务，为巩固和发展中国特色社会主义制度服务，为改革开放和社会主义现代化建设服务"。我国是中国共产党领导的社会主义国家，有独特的历史、独特的文化、独特的国情，这就决定了我们必须"坚持扎根中国大地办教育，扎实办好中国特色社会主义高校"，走好中国特色社会主义教育发展道路。辅导员队伍作为高校重要的思想政治教育工作队伍，应该明确认识我国高等教育事业的性质和任务，深入对学生思想状况的了解，起到带头和引导作用。

2. 辅导员队伍建设是高校落实"立德树人"根本任务的关键

习近平总书记在全国教育大会上强调："才为德之资，德为才之帅。培养德才兼备的有用人才，还要在增强综合素质上下功夫，促进人的德智体美劳的全面发展"。高校辅导员处在高校思想政治教育最前沿、离学生最近，担负着落实立德树人根本任务、培养德、智、体、美、劳全面发展的社会主义建设者和接班人的重要使命。辅导员队伍的建设成效关系到高校能否落实好这一根本任务，增强高校思想政治教育工作的实效性。

第一，随着我国教育事业的不断发展进步，高校之间的竞争不断加剧，要想获得更长远的发展，提高自身竞争力，关键就是要落实好"立德树人"的根本任务，发展好、培育好、实现好学生的成长需要，提升辅导员工作能力，提高学校在社会上的知名度，赢得竞争优势。

第二，高校落实立德树人根本任务就是要构建德智体美劳全面培育的教育体系，落实德智体美劳全面发展的教育，做到"五育"并重，"五育并举"，培养出高素质人才，为学校赢得竞争优势。这不仅仅是针对学生而言，辅导员队伍作为高校思想政治教育工作的重要组成部分，同样需要加强建设，全面培育。一支优秀的辅导员队伍，首先是在各方面发展中严格要求自己，不断突破创新，求真至善，追求健康的体魄，树立正确的审美观和劳动观，吸纳"五育并举"的思想，增强辅导员队伍的综合素质，从而才能更好地引导学生，落实好"立德树人"的根本任务。

二、提升高等教育质量的客观要求

《国家中长期教育改革和发展规划纲要（2010—2020）》明确指出："提高质量是高等教育发展的核心任务，是建设高等教育强国的基本要求"。《"十四五"规划和2035年远景目标纲要》第四十三章"建设高质量教育体系"中也提到："要提高高等教育质量"。高校辅导员作为学生思想政治教育工作的实施者和践行者，其工作队伍建设对于提升高等教育质量起着重要的作用。

第一，德育增强了辅导员工作的实效性。辅导员工作队伍担负着"教书育人"的神圣使命，是净化学生灵魂的工程师。辅导员的道德品质的好坏对大学生的品德修养会产生潜移默化的影响，身教重于言传。要提高高等教育质量，首先就要建设一支具有崇高的道德品质和精神境界，爱岗敬业，作风优良的辅导员队伍。

第二，智育激发了辅导员工作的创新性。高校辅导员的教育对象大多是高校大学生，随着社会信息化的快速发展，网络作为信息传播的媒介，被绝大多数学生所认识和接受，信息传播的快捷性、实效性以及广泛性等特点，一定程度上改变了学生学习和生活的习惯和方式，因此，高校辅导员的工作也随之发生了很大的变化。要提高高等教育的质量就要求高校辅导员不断接收新的知识，与时俱进，更好地适应学生的需求，加强理论学习，推动工作形式的不断创新。

第三，体育增强了辅导员的工作意志。辅导员在日常工作中面临着各种各样的压力，比如，高校的扩招导致学生就业压力增大，心理负担加剧，增加了辅导员的工作量和工作难度；一些突发事件给辅导员带来的难以预料的冲击；家庭和工作上的协调压力等等，这些挑战和压力都需要辅导员有较好的心理素质以及强大的意志，才能更好地胜任辅导员这份工作，从而为提高高等教育质量打下一定的基础。

第四，美育提升了辅导员的艺术修养。马克思认为，如果一个人想得到艺术的享受，他本身就必须是一个有艺术修养的人，"对于没有音乐感的耳朵来说，最美的音乐也毫无意义，不是对象"。学生在接受辅导员教育的同时，也会像审美一样，有意或无意地对辅导员的修养和行为作出评价，如果辅导员本身就是一个具有艺术修养和高尚审美观的人，那么就会对学生产生影响，学生便会自然或不经意地向辅导员学习，从而培养自身艺术品质，增强审美能力，发展自己的相关特长，从而提高高等教育的质量。

第五，劳动教育激发了辅导员艰苦奋斗的精神。劳动教育是中国特色社会主义教育制度的重要内容，直接决定社会主义建设者和接班人的劳动精神面貌、劳动价值取向和劳动技能水平。党的十九大报告指出："要营造劳动光荣的社会风尚""弘扬劳模精神和工匠精神"。辅导员在日常工作中，充分认识劳动的重要性，深刻理解习近平总书记"劳动创造幸福"，"幸福是奋斗出来的"等重要论述，养成良好的劳动习惯，发扬艰苦奋斗精神，对待工作兢兢业业，勤勤恳恳。此外，只有亲自体会到劳动创造的快乐和价值，辅导员才能更有目的、有计划的组织学生参与日常生活劳动、生产劳动以及各种服务性劳动，使学生在实践的过程中树立正确的劳动价值观念，养成良好的劳动品质。

"五育并举"相互渗透、有机融合、协调发展，共同推动辅导员队伍朝着更加专业化的方向发展，不断增强高校思想政治教育工作的实效性，提升高等教育质量。

第二节 "五育并举"型高校辅导员队伍建设是大学生成长成才的客观要求

在马克思主义看来，人之所以要实现全面发展，在于摆脱对"人的依赖"和对"物的依赖"，"以一种全面的方式，也就是说，作为完整的人占有自己全面的本质"。教育的目标就是促进学生的全面发展，健康成长成才，为社会主义事业发展贡献力量。所谓全面发展就是指学生在各个方面、各个领域都能得到长足进步，不仅仅要增长知识，而且在道德、体育、美育、劳育等多个方面的素质都能得到协调发展和不断进步。加强高校辅导员建设正是适应了大学生成长成才的要求。党的十八大以来，习近平总书记带着中国特色社会主义教育事业的深入思考，走访学校、深入校园，在高校考察过程中，习近平总书记阐述了青年树立价值观的重要性："青年的价值取向决定了未来整个社会的价值取向，而青年又处于价值观形成和确立的时期，抓好这一时期的价值观养成十分重要。这就像穿衣服扣扣子一样，如果第一粒扣子扣错了，剩余的扣子都会扣错。人生的扣子从一开始就要扣好"。由此可见，大学生要成长成才，最重要的就是要有主流价值观的引领，确立正确的价值观。《普通高等学校辅导员队伍建设规定》（中华人民共和国教育部令第43号）第一章第二条强调："辅导员是开展大学生思想政治教育的骨干力量，是高等学校学生日常思想政治教育和管理工作的组织者、实施者、指导者，应当努力成为学生成长成才的人生导师和健康生活的知心朋友"。因此，引导学生树立正确的价值观是辅导员工作的重要内容。

当今世界正面临百年未有之大变局，国内国际形势都发生了深刻的变化。一方面随着经济全球化的快速发展，各种社会思潮和非主流的价值观念涌入国内，影响着高校思想政治教育工作，另一方面新冠疫情所带来的各种问题给大学生健康成长带来一定的挑战。建设一支素质过硬、结构合理又相对稳定的辅导员队伍，解决新的时期大学生成长成才出现的新问题显得尤为重要，这是应对高校思想政治教育新形势新挑战，推进大学生健康成长成才的客观要求。

一、应对后疫情时代就业创业新形势的挑战

新冠肺炎疫情的发生，不仅对宏观经济产生了较大的影响，对大学生就业市场也造成了冲击，这对辅导员有效应对疫情冲击，指导高校毕业生提高就业质量，缓解就业压力，提出了更高的要求。

（一）后疫情时代大学生就业创业形势

1. 就业基数大，竞争加剧

据教育部数据统计，2020年全国共874万大学生毕业离校，2021年增加到909万，总规模再创新高。一方面，受到一定疫情的影响，很多2020届毕业生陷入没有就业的困境，在这一批尚未就业的毕业生中有的一直留到了2021年仍处于"待就业"状态，与2021届应届毕业生一起挤进人才市场，这大大加大了高校毕业生就业质量压力，同时也加大了新一届高校毕业生的就业压力。另一方面，在"外防境外输入，内防国内反弹"的压力下，高校

毕业生为求稳定，大多把求职的重心放在公务员、事业编制、选调、军队文职等"铁饭碗"上，从而加剧了竞争压力，同时也导致"就业难"或"不就业"等问题。

2. 经济增速放缓，创业难度加大

新冠肺炎疫情对中国经济短期影响重大，随着经济增速放缓，大学生创业的难度也在加大。第一，有效的市场调研是创业的重要步骤，但在疫情防控常态化下，一些地区疫情反复，部分城市的流动性降低，导致行动受限，不方便开展创业前的市场调研，从而直接给大学生的创业带来了困难；第二，疫情期间停工停产，使得大多数家庭收入降低，人们的消费意愿降低，不少企业的利润也大大低于往年，给大学生创业带来了阻力；第三，创业成本资金匮乏。大学生创业急需充足的项目资金和成本，而疫情的反复增加了企业投资的风险性，在这种情况下，各行各业的投资者都趋于谨慎，导致大学生在筹集资金方面出现困难。总之，后疫情时代，大学生的创业受到各方面的限制和阻碍，难度和风险加大。

3. 人才需求升级，复合型人才紧缺

所谓复合型人才，就是多功能人才，指在各个方面都有一定能力、在某一个具体方面出类拔萃的人。简单来说就是一专多能的人才。一方面受疫情的影响，企业在经营过程中受到冲击，大量整合人力资源，减少用工需求，有的企业面临着裁员甚至破产的危机，导致市场上投放的岗位随之减少；另一方面为了加强企业的竞争力，应对巨大的经营压力，企业同时会加大对复合型人才的需求。大学生在学校学到的更多的只是专业理论知识，就业面对的是综合实际操作，而现在大多数的应届毕业生初入职场，明显表现出工作实践的经验不足，往往缺乏很多职场需要的技能，导致供需不能匹配。因此，为了缓解就业压力，复合型人才备受社会关注。

4. 疫情防控常态化，校园招聘受到影响

校园招聘是应届毕业生求职最常规的渠道，同时也是应届生了解外部人才市场状况的窗口。对于一直在校园，没有太多职场经历的毕业生来说，对各种公司岗位以及主要职责、薪资待遇、发展前景等都缺乏足够的认识，在即将踏入工作岗位之前需要通过这样的一些渠道去增加了解市场的人才需求，而新冠疫情的爆发，给校园招聘带来了持续性的影响。一方面，企业线下招聘渠道受阻。疫情的反复导致大量的线下招聘会的开展受到影响，使应届毕业生失去很多求职的机会,再加上疫情管控常态化,很多招聘时间被延迟,招聘流程也相应被延长。另一方面,线上招聘增加了更多不确定因素。比如,招聘信息的真实性难以确定;受到网络状况的影响;难以通过网络了解面试者的综合素质,导致综合素质较强的学生竞争优势趋于同质化。

(二)"五育并举"加强辅导员队伍建设对后疫情时代学生应对挑战的重要性

后疫情时代,高校毕业生就业创业形势相对严峻,作为学生人生路上的引路人,高校辅导员应该更好的顺应学生发展的需要,"为学生提供科学的职业生涯规划和就业指导以及相关服务,帮助学生树立正确的就业观念,引导学生到基层、到西部、到祖国最需要的地方建功立业"。"五育并举"视域下,辅导员德智体美劳各方面素质得到显著性的提高,能够更好地辅导学生从学校走进社会。

1. 增强了创业就业指导的专业性

创业就业本就是个复杂的系统工程,关系到学生的前途命运,对学生个人、家庭、学校以及整个社会都有着深刻的影响,加上疫情的影响,学生对相关创业就业知识相对匮乏,因此,对高校辅导员提出了更为严格的要求,需要辅导员对学生各方面的就业需求做出全面的分析和专业的指导,由此促进高校毕业生就业指导工作的有序展开,提高大学生就业创业能力。目前,许多高校在大学都设置了就业相关的课程,或者以专题讲座、项目孵化等形式加强对学生的就业创业培训,但时间短,对学生的影响不够持续,难以达到预期的效果。辅导员相对已经具备丰富的社会阅历和生活经历,并具有一定的年龄、教育资源和工作经验的优势,又是日常跟学生接触最频繁的学生工作者,对学生的需求相对了解得更多一点,充分利用自己的专业素养为学生就业创业提供有效的指导,比如,结合学生的具体情况组织相关的就业创业实践活动,对学生在活动过程中的表现有针对性的给予指导;利用自己的教育资源邀请在创业就业中表现优异的学生为在校学生传授相关的经验,提供便捷的交流平台等,这样就减少了学生在就业创业过程中的迷茫,避免学生"走弯路",减少了学生在简历投递方面的盲目性。

2. 培育大学生形成积极的就业心理

积极的就业心理对大学生毕业后能尽早地适应工作岗位,实现高质量就业,完成科学设定的就业目标,提升就业的获得感和满足感有着重要的作用。

由于疫情的反复性，很多学生在选择职业和就业创业的过程中表现出消极、盲目等心理，很多高校毕业生在即将踏上工作岗位时，更是表现出不自信、畏惧、逃避、恐慌等一系列负面心理，对其顺利走进社会造成了一定的阻碍和困扰。因此，在学校就培育学生树立正确的"三观"，形成积极的就业心理，以饱满的热情和向上的心态迎接工作中可能出现的挑战，从而更好地帮助学生实现从学校到社会的跨越。一方面，因工作内容琐碎和繁忙性，高校辅导员在工作中所承受的压力相对要高于很多工作，因此需要辅导员有超强的心理承受能力和抗压能力，而高校辅导员队伍可以通过自身积极的就业意识有效的引导学生，一个积极向上、精神状态好的辅导员队伍在工作过程中能潜移默化的感染学生，消除学生对工作的不良心理，从而树立起对工作的正确态度，同时对自己即将从事的工作也充满期待。另一方面，很多学生在临近毕业时，会因为找不到工作或对未来的发展方向而感到迷茫、无措，辅导员充分利用自己心理学或教育学等相关知识，对学生进行心理疏导或恰当的交流，缓解学生的消极情绪，从而引导学生以积极、乐观的心态解决问题。

3. 培育了符合社会发展的高素质人才

"五育并举"推进了全面发展的高素质辅导员队伍建设，为指导和帮助学生成为社会主义现代化建设的高素质人才奠定了基础。"致天下之治者在人才"，人才一直是国家发展、社会进步的重要战略资源。我们必须清楚地认识到，要推进社会经济高质量发展，一支德智体美劳全面发展、富有创新能力的高素质人才是不可或缺的，尤其是疫情防控常态化下，对人才的需求在不断升级，辅导员通过掌握的各种信息和资源对学生进行讲解，根据学生的特长，帮助学生分析和制定科学的职业规划，有效应对其在就业创业过程中所遇到的"门槛"和障碍，为社会发展培养一批专业素质过硬、综合素质强并且适应能力强的高素质人才，承担起国家发展、民族复兴的伟大历史使命。

二、应对大学生群体结构差异化的挑战

随着社会发展进步，人们的生活水平逐渐提高，我国教育事业也在不断的发展，尤其是近年来，我国基本实现了高等教育的普及化，让孩子进入大学接受高等教育成为社会上绝大多数家庭的选择，因此，相对于过去，在现代教育体系中，接受高等教育的人群已经发生了很大的变化，使得高等教育对象即大学生群体呈现不少新的特征，出现年龄、认知、来自不同的地方等

各方面的差异化。此外，随着我国进入"三期叠加"的社会发展转型期，社会对于高校毕业生的要求越来越多样化，学生对于个人各方面的要求也存在着差异，而当前高校统一的这种就业创业的培训模式并不能满足大学生多样化的需求，辅导员最熟悉和了解学生，能真正着眼于学生发展的实际需要开展有效的指导和帮助。因此，需要辅导员不断加强具体问题具体分析，具体问题具体解决的能力，这样才能更好地推动我国高校的长足进步和发展。

（一）应对大学生学年结构差异的挑战

一般而言，人的一生大致分为童年期、青年期、成年期和老年期四个时期，而青年期又大致分为青年初期（14~18岁）、青年中期（18~22岁）和青年晚期（23~28岁）三个阶段。绝大多数大学生正是处于青年中期，经历从刚刚成年到逐渐成熟的关键阶段，是人体和生理发育的最后一个时期，也是最完善的时期，无论是身体上的健康成长还是心理上的积极疏导都对大学生今后的成长成才有着一定的影响。比如，对于本科阶段的学生来说，大一新生刚刚摆脱了高中严格的制度约束，踏进大学，对于如何更好地培养自身的独立思考能力，发挥自身的特长还需要辅导员的进一步引导，帮助他们完成从高中生到大学生的角色转变；大二和大三的学生已经初步适应了大学生活，学业上的繁忙和参加学生组织过程中遇到的困惑等使这个时期的大学生更多地需要一些学习和组织工作上的有效建议；对于即将离开校园，踏上工作岗位的大四学生来说，找到一份适合自己的好工作，顺利进入职场，成功完成从学习者向工作者的转变需要辅导员从自身经历和知识出发，对他们进行专业、全面系统的分析。由此可见，辅导员队伍的全面建设在各个年级的大学生满足其发展需求的过程中发挥着重要的作用，有效的应对了大学生在年级和年龄结构上的差异带来的挑战。

（二）应对大学生性别结构差异的挑战

高等教育是促进社会发展的重要依靠和动力之源，随着高等教育的大众化和普及率的不断增加，大学生群体的性别结构差异发生了显著的变化，女大学生不断增加并呈上升趋势。据2020年国家统计局发布的一组关于女性接受高等教育的数据报告显示，高等教育女生占比超过一半。其中研究生占比50.94%；普通本专科占比50.96%；成人本专科占比57.98%；网络本专科占比43.9%。由此可见，女大学生在高等教育中占有很大的比重，这就要求辅导员在工作的过程中，认识到这种差异，注重教育、机会等各方面的公平。

（三）应对大学生知识结构差异的挑战

大学阶段正是培养学生综合素质，形成合理的知识结构，锻炼自身能力，为担当民族复兴的时代大任奠定基础的时期。总的说来，大学生的知识结构的差异大致包括以下三个方面：

第一，基础知识上的差异。进入大学，依然是不断积累基础知识的重要时期。大学期间，每个人对基础知识的掌握程度是不一样的，比如，一些985、211学校的学生，总体而言，在基础知识的掌握上要比普通的本科院校或专科学校的学生更有优势一点；同一所学校也会出现有的学生基础知识相对夯实，有的学生相对薄弱的差异。因此，针对学生在基础知识上的差异性，辅导员通过加强学生通识教育，充分利用自己所学来帮助学生扎实基础知识。

第二，专业知识上的差异。学好自己的专业知识对大学生毕业后根据自己的特长找到一门适合自己的工作尤为重要。对于自己的专业知识，要做到不断精深。所谓精深就是指大学生要对自己所学专业的理论、技术等有一定深度的了解，对专业发展的情况和研究现状等信息要有一定的把握。目前，对于学生的专业知识，有的掌握的相对较好，而有的相对欠缺一点。作为辅导员，大多对自己学生的专业知识还是有一定的了解，能够适当地为学生提出一些专业上的学习和实践探究的建议，帮助学生获得更大的专业认同感，从而不断激发学生的内生动力，提高专业能力。

第三，其他知识和技能上的差异。对当代大学生来说，仅仅掌握专业知识和一些基础知识往往不足以应对快速发展的社会所带来的挑战，掌握一些其他的知识和技能能更好地帮助学生走向社会、适应社会并融入社会。比如，熟练地使用计算机的办公软件等；掌握一门外语；了解社会发展的最新科技成果等等。对于大学生来说，有的学生已经初步掌握了一些技能，通过了计算机二级、英语四六级等考试，有的同学还在继续学习的过程，这些差异也可能给一些学生造成学习上的压力和不自信，辅导员应注意对学生压力的疏导，同时给学生分享一些学习上的资料和经验，帮助学生顺利通过各种技能考试，提高教育质量。

第三节 "五育并举"型高校辅导员队伍建设是辅导员自身发展的内在需求

"打铁还需自身硬",高校辅导员队伍是大学生思想政治教育的骨干力量,主要负责学生日常的学业管理工作,是学校思想政治教育工作最直接的组织者和实施者,长期在学生工作的第一线。随着社会的不断发展,我国教育事业也在不断地跟随时代的脚步,改革深化,出现了很多新情况、新问题,辅导员工作的难度和繁琐程度也在不断增加,对辅导员自身素质提出了更高、更加全面的要求。以"五育"推进高校辅导员队伍建设,促进辅导员自身发展,有利于其更好的顺应时代的发展和工作的需要。

一、回应辅导员适应新时代教育评价改革的需求

教育评价事关教育发展方向,有什么样的评价指挥棒,就有什么样的办学导向。中共中央国务院印发的《新时代教育评价改革总体方案》中谈到:"要深入贯彻落实习近平总书记关于教育的重要论述和全国教育大会精神,完善立德树人体制机制,扭转不科学的教育评价导向,坚决克服唯分数、唯升学、唯文凭、唯论文、唯帽子的顽瘴痼疾,提高教育治理能力和水平,加快推进教育现代化、建设教育强国、办好人民满意的教育"。由此可见,新时代教育评价更加注重对"立德树人"体制机制的完善,注重对学生全面发展的培养。

为适应新时代教育评价改革的需求,加快建设一支高质量、高水准、全面发展的高校辅导员队伍尤为重要,这是符合教育改革大环境的内在要求。辅导员队伍聚焦主责主业,是学生工作的生力军,只有建设好辅导员队伍这一支重要力量,才能培养出德智体美劳全面发展的合格社会主义建设者和接班人,实现教育评价改革的需要。

(一)完善辅导员队伍德育评价

育人为本,德育为先。"立德树人"是教育的根本任务,要贯彻落实这

一根本任务，加强辅导员队伍建设，一个重要的前提就是要做好高校辅导员队伍的师德师风建设，完善辅导员队伍德育评价体系。

《深化新时代教育改革总体方案》强调："坚持把师德师风作为第一标准""推动师德师风建设常态化、长效化""建立师德失范行为通报警示制度。对出现严重师德师风问题的教师，探索实施教育全行业禁入制度"。为新时代辅导员师德师风建设指明了方向，推动辅导员队伍根据自身情况和工作性质，科学的设立德育目标要求，养成良好的道德、心理素质，不断坚定理想信念，提高自身政治素养。同时，通过多种方式落实辅导员队伍自身德育评价，比如，便捷的信息传播渠道方便了辅导员收集学生、学校、家长、社会等各方面的评价；辅导员队伍之间相互客观的记录平时的言行表现等，以此来不断完善辅导员队伍的德育评价，切实做到身正为范，引导学生养成良好的道德和心理品质，并将其纳入综合评价。

（二）健全辅导员队伍智育评价

辅导员所面对的是数百名高校学生和各级职能部门，这些人有着年龄、性格、爱好等各方面的差异，这就要求辅导员不仅基础理论知识要过硬，同时还要能够掌握一些应对突发事件等相关专业知识，只有不断健全辅导员队伍的智育评价，才能不断推动其工作的顺利展开。总体而言，对辅导员队伍智育评价包括：

第一，基础理论知识的评价。辅导员队伍作为开展大学生思想政治教育的骨干力量，最基本的就是要熟练地掌握马克思主义基本原理，并能够运用马克思主义中国化的最新成果开展实践、指导工作。因此，对辅导员队伍基础理论知识的评价是健全其智育评价的基础。

第二，主干理论知识的评价。所谓主干知识就是现代思想政治教育的相关理论和方法。思想政治教育工作是我们党和国家一切工作的政治生命线，是我们国家和民族的精神支柱。随着社会的不断发展，思想政治教育的相关理论和方法也在不断丰富。与时俱进，结合优良传统，学习和研究最新的思想政治教育成果是评价现代辅导员队伍知识能力的重要内容。

第三，其他相关理论知识的评价。高校辅导员工作是一项兼具管理和服务的综合性较强的工作，不仅需要基础的理论支撑和系统的方法指导，同时还需要具备相关学科的理论和方法，比如，掌握管理学、心理学、人才学等相关知识，充分结合社会发展的现状，应用于学生工作当中，为创新高校思想政治教育工作提供一定的借鉴意义，这也是评价辅导员队伍知识结构的重要指标。

（三）强化辅导员队伍体育评价

党和国家一直高度重视辅导员队伍建设，对新时代高校辅导员工作予以更重要的使命。"身体是革命的本钱"，为了更好地完成党和国家赋予的神圣使命，在完善德育评价、健全智育评价的基础上，也在不断强化辅导员队伍的体育评价。健康的身体和健全的人格才是工作的有力支撑。新时代教育改革背景下，辅导员肩负着更沉重的担子，工作更加繁忙，更是需要加强锻炼，保持身心健康，以充沛的精力和饱满的热情投入到工作中去。

（四）提升了辅导员队伍美育评价

审美教育能够陶冶情操，提高人的素养。高校辅导员队伍担负着培养人的全面发展的责任和义务，提升审美，不仅促进自身素养的提高，同时影响学生的审美观念和审美活动。新时代对教育评价作出改革，辅导员不但是大学生人生境界提升的领航员，是学业上的指导员，是生活上的服务员，更是美化心灵的保健员。

（五）加强辅导员队伍劳动教育评价

马克思说："任何一个民族，如果停止劳动，不用说一年，就是几个星期，也要灭亡，这是每一个小孩都知道的"。劳动是人的生命存在和全部社会活动的前提，作为生命存在的人要解决吃、穿、住的生活问题，必须从事生产劳动，通过劳动改造自然，从大自然中获取生活资料。由此可见，劳动对于人和社会发展有着不可或缺的作用。2020年3月，中共中央、国务院颁布的《关于全面加强新时代大中小学劳动教育的意见》中指出："劳动教育是中国特色社会主义教育制度的重要内容，直接决定社会主义建设者和接班人的劳动精神面貌、劳动价值取向和劳动技能水平"。因此，将提高辅导员队伍劳动意识、积极地参加相关的培训等作为辅导员队伍劳动教育评价的重要内容，有利于提升其劳动教育的自觉性，提高劳动育人本领和专业化水平。

二、回应辅导员职业能力提升的需求

（一）高校辅导员职业能力的内涵及职业特征

1. 内涵

高校辅导员职业能力就是指从事高校辅导员工作所必备的，以其拥有的知识和技能为基础，根据自身的特点和优势，在不断学习中创新，在不断创新中整合各方面资源，培育和积淀出符合自身特色的综合能力。

2. 职业特征

《高等学校辅导员职业能力标准（暂行）》中明确规定："高校辅导员政治强、业务精、纪律严、作风正。具备思想政治教育工作相关学科的宽口径知识储备。具备较强的组织管理能力和语言、文字表达能力，及教育引导能力、调查研究能力等特征"。

（二）"五育并举"对高校辅导员职业能力提升的重要性

无论从事哪一种职业，都要注重自身职业道德的完善和职业能力的提升。高校辅导员队伍工作关系到学校思想政治工作的成效和学生成长成才的需要，是履行高等学校学生工作职责的专业人员，要经过系统的培养与培训，具有良好的职业道德，掌握系统的专业知识和专业技能。目前，仍有部分高校辅导员存在一定专业能力欠缺的问题，没有严格要求自己提升自己各方面的素养和技能，导致在处理学生工作和学校事务的过程中暴露出实践能力不足、专业知识结构薄弱、经验不足等问题。因此，"五育并举"有助于高校辅导员进一步完善和提高自身职业能力，夯实理论基础，积累相关实践经验。

1. 进一步丰富辅导员职业能力的理论基础

辅导员要提升自身职业能力，不仅要系统学习职业相关专业理论知识、法律法规、政策制度等，主动增强专业素养，同时，在"五育并举"的视域下，还应该加强德智体美劳方面的理论学习，促进自身全面发展，将"五育"的相关理论与辅导员队伍工作实践相结合，不断注入新的时代内涵，为提升辅导员职业能力提供理论借鉴，也进一步丰富其职业能力发展的相关理论基础。

2. 进一步完善辅导员职业能力的实践经验

要提升辅导员队伍的职业能力，除了要有系统的理论指导外，还要有相关的实践经验借鉴，同时，随着辅导员队伍工作的展开，这些实践经验又在不断的完善。习近平总书记在全国教育大会的重要讲话中提出要："培养德智体美劳全面发展的社会主义建设者和接班人",这不仅是对新时代青年提出的殷切期望,也为辅导员队伍的建设指明了道路。辅导员队伍的全面发展进一步促进了辅导员职业能力的提升,为之后其职业能力的提升提供了一定的实践经验借鉴。

三、回应辅导员自我发展的需求

实现德智体美劳五个方面相辅相成,形成一个有机整体,是辅导员队伍不断完善自我,发展自我的重要抓手。

德育铸魂智育固本体育强健美育浸润劳动淬炼

第一,德育铸魂。引导辅导员形成热爱学生、尊重学生,因材施教、循循善诱,淡泊名利、志存高远,以身作则、为人师表的职业精神;爱岗敬业,有高度的社会责任感和历史使命感的敬业精神;以及树立坚定的理想信念,正确的价值观,解放思想、实事求是、与时俱进,讲政治、讲纪律的党性修养和求真务实的工作作风。

第二,智育固本。引导辅导员养成爱学习的良好习惯,树立终身学习意识,不断增长见识、丰富自己的学识,沿着求真理、悟道理、明事理的道路不断前进,为复杂繁琐的辅导员工作奠定知识基础。

第三,体育强健。引导辅导员在工作之余多加强体育锻炼,在锻炼中享受乐趣,增强体质,得到身心的放松。这不仅能够帮助辅导员拥有一个健康的身体投入到工作,更多的是养成坚持锻炼的习惯,锤炼意志,以健全的人格处理工作中遇到的各种突发情况和问题。

第四,美育浸润。通过审美教育,帮助辅导员以文化人,提高自己的审美情趣,以美辅德、以美益智、以美增健、以美添巧。由于日常工作的琐碎性,不少辅导员缺乏一双发现美的眼睛,从而时常抱怨自己的工作枯燥乏味,日复一日,循环往复。审美教育正是调节辅导员日常工作中负面情绪的"一剂良药",使辅导员能够发现工作之美、路途之美、学生之美等,为其工作增添更多美的乐趣,带来美的享受。

第五,劳育淬炼。劳动教育具有"德智体美"不可替代的独特的育人价值,它不仅帮助辅导员队伍提升了劳动素养,还贯穿其他四育,起到"树德、增智、健体、育美的综合的育人价值。一方面,帮助辅导员树立了正确的劳动观念和积极的劳动态度;另一方面,通过对辅导员的劳动教育,使他们在这一具体形式当中去树立良好的品德修养、增长见识、锻炼身心、提高审美。

第四节 "五育并举"型高校辅导员队伍建设是辅导员队伍建设的必然选择

辅导员是高校教师队伍和管理队伍的重要组成部分，工作在学生思想政治教育的第一线，其队伍建设关系到学校稳定有序、学生成长成才和辅导员自身发展等重要方面。"五育并举"的广泛应用，为高校辅导员队伍建设提供了新思路、新方法和新途径，促进了辅导员队伍的全面发展，不断适应了辅导员队伍的专业化水平、职业化进程和专家化发展的趋势，扩展辅导员队伍的发展空间和发展平台，是辅导员队伍建设的必然要求。

一、适应提升辅导员队伍专业化水平的趋势

随着高校的扩招，高等教育逐渐大众化，就业变得市场化，后勤服务趋于社会化，一切以"学生为本"，学生的成长、成才、就业是高等教育发展的重要内容。习近平总书记在2016年全国高校思想政治工作会议上指出："思想政治工作从根本上是做人的工作，必须围绕学生、关照学生、服务学生"，强调对学生的引导和服务。辅导员作为高校思想政治教育的重要组成部分，扮演着教师和管理者的双重身份，对学生的学习、生活和未来就业创业发挥着重要的指导作用，要做好这些工作，就要加强辅导员德智体美劳各个方面能力的培养，不断提升辅导员队伍的专业化水平。

专业化建设是辅导员队伍建设的必然选择。所谓高校辅导员队伍专业化就是指依托专门的机构和终身专业训练体系，对高校辅导员进行科学的培训和管理，从而使其能够掌握高校的德育工作的相关知识和技能，实现专业自主，实现专业道德，提升自己的学术地位和社会地位，全面有效的履行辅导员职责的过程。在这个过程中，包含着辅导员个体的专业化，同时也是辅导员群体的专业化过程，二者是相互联系，相互制约，辩证统一的，专业化的

辅导员应当经过专业的培训和学习，具备宽广的知识口径，能够按照一定的专业规范来从事辅导员工作这一专业的活动。

目前，辅导员队伍还存在一定的问题，需要通过提高其专业化水平来解决，比如：学科背景与专业化要求之间的矛盾；辅导员岗位的重要性与辅导员职业认同之间的矛盾等等。因此，针对这样的情况，找到解决问题的新思路，创新途径来加强辅导员队伍的专业化无疑也是解决问题的一条重要途径。"五育并举"正是当下增强辅导员专业化，帮助其提高工作效率，缓解职业焦虑，提升工作成就感的新途径。通过"德智体美劳"教育，增强辅导员队伍职业精神，提升其理论素养，从而不断强化其实践技能，实现"一专多能"的专业化发展目标。

（一）增强辅导员队伍职业精神

德育为先，强化职业精神。辅导员职业精神是培养其专业化的基础，其中，职业道德素养是培养其职业精神的重要内容。高校思想政治工作要求辅导员要有较强的职业精神，即从内心深处真正接受和热爱自己的工作，增加职业认同感，深刻认识到辅导员工作的重要性，树立起强烈的职业信念，练就坚韧的意志品格，保持饱满的精神状态以及诲人不倦的工作态度。加强辅导员队伍的职业道德素养，不仅促进辅导员自身素养的完善，同时也提高了其落实"立德树人"任务的本领。

目前，很多辅导员对自己工作的重要性没有正确和清晰的认识，有的人认为，辅导员工作只是简单的负责学生的学习和生活，好像谁都可以干，导致辅导员对工作价值的荣誉感和成就感不够，出现职业懈怠，工作中缺乏激情，对自我认知也出现偏差等等一系列问题，因此，在辅导员队伍建设过程中，增强"德育"，通过加强辅导员工作价值教育，同时不断强化辅导员自身的个人品德、职业道德等方面的教育，坚定辅导员的工作信念和信心，提高其对自己工作的认同感和获得感，即使在面对繁琐的事务，大量的工作，枯燥的内容时依然坚守初心，以最大的热情投入到工作中，爱岗敬业，热爱学生，表现出崇高的职业精神。

（二）提升辅导员队伍理论素养

智育固本，提升理论素养。较高的理论素养是辅导员队伍专业化建设的重点。理论是实践的前提，好的理论能够更好地指导实践。要推进高校辅导员队伍建设，就是要不断推动其理论素养的提高，发挥出"智育"固本培元的重要作用。

提升辅导员队伍的理论素养包含着两个重要方面：第一，政治性。鲜明的政治性，是辅导员工作的根本属性。高校是为中国特色社会主义事业培养合格建设者和接班人的重要场所，辅导员队伍是党的思想政治工作的重要组成部分，旗帜鲜明地讲政治是辅导员职业的应尽之义。"政治强"也是对辅导员工作能力提出的首要要求，是衡量辅导员落实好各项职责的前提条件。作为学生在思想和行动上的引路人，要把好学生价值观上的"入口关"，首先就要做到自身政治过硬，善于用马克思主义立场、观点和方法武装头脑，指导实践，真正做到真学、真懂、真信、真用，把马克思主义基本原理与自己实际工作联系起来，学以致用。第二，专业性。扎实的专业知识是提高辅导员队伍理论素养，加快其专业化建设水平的重点。所谓扎实的专业基础，是以多门学科为基础的，包括心理学、教育学、伦理学等思想政治教育相关的学科，同时也包括了美学等方面的理论知识和方法技能。"五育并举"型，对辅导员专业知识提出了更高的要求，不仅要求辅导员掌握思想政治教育相关的理论知识，同时还要系统地掌握一些道德、体育、美育、劳动教育等相关知识，为学生的全面发展奠定坚实的理论基础。

（三）强化辅导员队伍实践技能

高校辅导员是一项事务繁琐、工作量大、责任重的岗位，在工作过程中会遇到各种各样的困难和突发状况，这就要求辅导员需要具备的不仅仅是专业知识和能力，更重要的是能够掌握各方面的一些实践技能，练就"逢山开路，遇河架桥"的本领，学会更好的调节自己，同时利用思想政治教育的有效手段，比如专题教育、年级大会、心理辅导等，帮助辅导员随时了解学生的情况，及时做好学生辅导工作。

加强对辅导员的体育培训，一方面，增强了辅导员的身体素质，使辅导员在处理日常工作的过程中首先能够拥有一个健康的身体和积极的心态，另一方面，强化了对学生的榜样教育。辅导员身体力行，从自身做起，引导学生加强体育锻炼，增强自身体质，以良好的身体状况投入学习和生活，健康成长成才。

加强对辅导员的审美教育，增加了辅导员队伍在思想政治教育实践中的亲和力。比如在运用"谈心"这种思想政治教育载体时，辅导员需要善于发现学生身上的美和闪光点，帮助学生悦纳自我、树立自信。此外，辅导员可以通过专题教育等具体实践，将自身好的审美价值观展现给学生，引导学生，不断增添实践活动的丰富性。

加强对辅导员的劳动教育，提高了辅导员解决问题的践行力。良好的践行力是有效处理问题，顺利完成工作的关键。辅导员队伍的专业性很大程度体现在解决问题的能力上，目前，部分高校辅导员存在着安于现状，简单完成任务就万事大吉的心态，缺乏艰苦奋斗精神，践行力相对较差。因此，加强对辅导员的劳动教育，有助于提高辅导员强化实践技能的积极性和主动性，形成热爱工作，享受工作过程、艰苦奋斗的良好心态。

总之，具备较强的实践技能是促进辅导员专业化建设的基本要求。为了促进新形势下辅导员队伍建设，提高高校思想政治工作的实效性，适应学生全面发展的需要，除了增强辅导员的职业道德和专业理论素养外，还要切实加强辅导员"体美劳"发展，强化辅导员在工作中的实践技能。

二、适应加快辅导员队伍职业化进程的趋势

所谓"职业"是为了满足社会的某些需要，伴随着社会分工的稳定而逐渐形成人们的一种工作形式，满足专业性、稳定性、物质性和价值性四个方面的科学内涵。高校辅导员是为了有效开展大学生思想政治教育工作，指导学生发展和管理学生事务而设置的专门的工作岗位。辅导员职业化主要是指高校辅导员在经过一系列专门的培训之后，能够顺利地从事相关工作，达到辅导员职业的资格，并经过考核、竞争、淘汰等机制，保证辅导员队伍具有一定的稳定性，并形成需要严格遵守的从业规范，有相应的职业化组织和职业标准等相关制度保证的过程是长期的、稳定的而不应是临时的、过渡的。

高校辅导员队伍职业化发展是新时代发展的需要。当今世界正处于百年未有之大变局，在这场变局中，我们只有不断发展，增强综合国力，提高科技生产力，才能夯实基础，做到"以不变应万变"。大学生是国家的希望、民族的未来，因此，为国家、为社会培养出一批全面发展、创新能力高、技术能力强的时代新人是一项尤为重要的任务，需要专门的人员在这个岗位上为此作出长期不懈的持续努力。要完成如此艰巨重要的任务，首先必须要保证辅导员职业化。

根据辅导员自身工作的特点和规律，高校辅导员队伍的职业化大致呈现

出专业性和社会性、知识化和学术化、合法化和标准化以及团队化的特点。而"五育并举"是不断适应辅导员的职业化特点的新途径,促进了高校辅导员队伍的稳定性和长期性。

(一)适应辅导员队伍的专门性和社会性

专门性是作为辅导员从事高校思想政治工作的一个有力保障。辅导员工作涵盖了大量的内容,既包括与学校组织层面的协调,又包括队伍之间的交流,更重要的是与学生之间的管理与服务,需要综合素质高的专门人员从事这一专门的职业,适应学校、社会和学生发展等各方面的需要。

社会性是辅导员满足社会分工,实现社会发展需要的特性。社会发展需要源源不断的接班人和建设者,无论在学习上还是在生活上都需要正确习惯和价值观的引导,因此,高校辅导员作为被社会所公认的一种职业应运而生。

高校辅导员的专门性和社会性是其职业的价值所在。这就要求辅导员队伍在今后发展的过程中,一是不断增强自身职业认同感,减少辅导员队伍的人员流动,保证其队伍的稳定性;二是不断探究社会发展的实际和辅导员工作的规律,适应学生的需要和社会发展的需求,同时能够熟练运用各种载体,借助新媒体等现代信息传播媒介,提升职业形象,扩大高校辅导员工作的社会影响力。

(二)适应辅导员队伍的知识化和学术化

知识化是不断总结前人在长期从事辅导员工作的过程中已经总结形成的知识和经验的基础上,随着社会的发展和中国特色社会主义进入新时代,站在新的历史起点上,吸取总结过去的经验教训,在新的实践中形成的一系列系统的理论成果,并反过来指导实践。一个职业能否得到广泛的社会认可度,最本质就在于从业人员的能力和水平,而辅导员队伍的知识化对新进的辅导员来说,能够帮助他们尽快地适应自己的工作岗位,提高工作效率,对已经从事了一段时间的辅导员来说,也能帮助其不断反思自己在工作中是否有不完善或需要改进的地方,从而提升辅导员队伍的自信心和工作的进取心。

学术化是在知识化的基础上,从理论到实践建立起一个系统完整的学术交流网络。辅导员队伍的学术化就是对高校辅导员工作所遵循的规律和群体化发展方向及目标等进行科学化的论证和探究。这就需要形成专门从事知识经验研究和传播的人员,他们通过掌握一定的传播载体和传播途径,主动适应时代发展的需求，形成自己的一套话语体系，使传播方式因时而进，传播内容因势而新。

辅导员队伍的知识化和学术化也是不断强化巩固其"智育"成果的过程。要求培养一批具有较高理论知识水平的辅导员工作研究者，同时建立大量的相关学术期刊和平台，帮助高校辅导员队伍能够有效地利用这些资源，更好地适应其知识化和学术化建设。

（三）适应辅导员队伍的合法化和标准化

合法化是合乎法律或相关行业的规范。我国高校辅导员的合法化已经发展到了实质性的阶段，党和国家高度重视辅导员队伍的建设和发展，作为一种受社会所普遍承认和支持的正当职业，辅导员的各项权力和利益都受到相关法律法规的保护。

标准化是为了适应整个辅导员队伍的发展，促进辅导员队伍职业化的具体要求，目前，国家已经出台一系列政策和相关意见促进辅导员行业的标准化，比如《普通高等学校辅导员建设队伍》《高等学校辅导员职业能力标准（暂行）》等，使辅导员队伍建设有章可循。

辅导员队伍合法化和标准化是推进高校辅导员队伍职业化的重要过程。这就意味着辅导员这个相对固定的职业有了一定的门槛，对想要从事和已经从事辅导员工作的人来说有了明确的要求和更高的标准，这就要求辅导员要更加重视自身素质的提高和自身能力的建设，从而切实达到从事辅导员职业的各项水平和要求。同时，辅导员队伍的合法化和标准化也为辅导员工作提供了一定的法律规范和职业标准，不断提高了高校辅导员队伍的职业能力。

（四）适应辅导员队伍的团队化

所谓团队是相对于个人而言的，辅导员作为一种职业是为了满足社会的发展需要而产生的，是一种团队化、社会化的行为，而不只是单纯的个人行为。因此要搞好整个辅导员队伍就要把辅导员建设放在大的时代背景下，顺应时代发展的需求，发挥团队的作用，树立一种团队意识。"五育并举"型，通过推进整个辅导员队伍的"五育"建设，促进整体水平和建设标准的提高，而不是单独的某一个或某一些辅导员素养的提升，同时也要注重建立科学合理的沟通、交流与合作机制，形成社会合力，共同推进辅导员队伍的全面发展。

三、适应推进辅导员队伍专家化发展的趋势

高校辅导员队伍的"专家化"是"专业化"的升华。一个专业的建设和发展,不仅要为这个专业提供最基本的人才保障,最重要的是要培养出一批适应专业发展的高层次的专门人才。2017年12月,中共教育部党组印发的《高校思想政治工作质量提升工程实施纲要》明确提出:"要构建实施课程育人、管理育人、服务育人等"十大"育人体系,大力提升高校思想政治工作质量"。由此可见,高校辅导员队伍专家化是辅导员队伍建设的必由之路。只有切实培养高素质辅导员,推进辅导员队伍向诸多专家型方向发展,才能不断提升高校思想政治工作的质量,提高为学生管理和服务的质量,落实"立德树人"的根本任务。

所谓专家化是指高校辅导员对自己所从事的大学生思想政治教育和学生事务管理工作的某一方面具有较为深厚的理论知识和丰富的工作经验,使其成为高校学生思想教育工作方面的专家。辅导员队伍专家化就是要让每一位高校辅导员不断促进自身"德智体美劳"全面发展,都能努力成为大学生思想政治教育工作和日常学习生活管理工作的行家,成为学生灵魂塑造的工程师,成为高校思想政治工作中一支不可替代的力量,从而引导高校辅导员向专家化的方向接续奋斗。

我们在理解高校辅导员队伍的专家化的概念时,有以下三个方面需要明确:一是专家化的"化"代表的是一个过程,表明每个高校辅导员都可以在不断努力、提升自己的过程中逐渐积累知识和经验,向着专家化的方向靠拢;二是高校辅导员队伍的专家化指的是在学生思想政治教育和管理方面的专家,并不是其他方面的专家。《高等学校辅导员职业能力标准(暂行)》中指出,高校辅导员是履行高等学校学生工作职责的专业人员。具体来讲指的是从事学生的思想政治教育、学生日常管理、就业指导、心理健康以及学生党团建设等方面的工作的学校公职人员,因此,高校辅导员队伍专家化的主要对象是高校辅导员,其内容主要是与学生工作有关;三是高校辅导员队伍的专家化是在其专业化和职业化基础上发展的,只有具备了一定的知识基础和相应的职业规范以及职业标准,才能进一步促进高校辅导员队伍在一个大的体系下朝着纵深发展。

总体说来,高校辅导员队伍专家化建设和发展是一个长期且需要辅导员

队伍持续付出努力的过程，需要不断加强自身素养，培养"德智体美劳"各方面的能力，相辅相成，共同为专家化发展奠定基础，准备条件，这既是适应教育事业发展的需要，也是辅导员队伍不断积累建设经验的需要，同时也是拓宽发展道路的现实需要。

第一，是适应教育事业发展的客观需要。党的十八大以来，我国不断深化教育改革，逐步优化高等教育布局与结构、实现内涵式发展。一方面，随着我国高等教育由"精英教育"逐步发展为"大众教育"，教育过程产生了很多新情况，这些问题往往带有很强的专业性和政策性，需要专门的队伍和人才去解决。另一方面以德育、智育、体育、美育以及劳动教育为重要抓手推进高校辅导员队伍建设，与"培养德智体美劳全面发展的社会主义建设者和接班人"的树人目标相适应，辅导员队伍各方面能力建设好了，自身能力与教育目标有效衔接，才能更好地适应学生成长成才，全面发展的需要，在这过程中不断实现高校辅导员队伍在对学生的教育、管理和服务上的专家化发展。

第二，是积累建设经验发展的理论需要。自从我国建立高校辅导员工作制度以来，国家先后出台了一系列文件，对高校辅导员队伍的建设提出了相关的规定和要求，并随着社会的发展变化不断补充和完善。2005年教育部制定的《普通高等学校高校辅导员队伍建设规定》，对高校辅导员的工作职责、专业要求、准入标准、管理考核等相关内容都作了具体的规定，这是对过去几十年辅导员队伍建设发展经验的总结和归纳，积累了众多专家和学者的建议和心血，这说明高校辅导员队伍建设不只是单纯地注重管理经验，更重要的是向注重学生的全面发展和辅导员自身能力提高等各方面的经验积累，由过去只是强调思想素质逐渐向强调师德师风、专业知识、身体心理素质、科学技能等各方面均衡发展转变了，因此，"五育并举"共同推进高校辅导员队伍建设是不断积累建设经验，推进辅导员队伍专家化发展的重要内容。

第三，是拓展专家化发展道路的现实需要。目前，高校辅导员队伍专家化发展主要集中在对建设过程经验的系统总结和积累以指导学生工作上，对辅导员自身能力的专家化建设的重视还有待进一步提高。随着社会生产力的提高，人民的生活水平也在不断提升，有更多的物质条件和能力去实现对下一代的全面发展教育，因此，新时代的大学生对自身能力的提高有了更高的要求和标准。进入高校，学生的业余时间增加，有了更多的精力去提升自身各方面的素养。高校辅导员不仅是学生思想政治教育的引路人，同时也是培养学生全面发展的指导者和学生工作的实施者，对于学生各方面发展的需求要能够提出相对专业化的意见和建议。俗话说："要给学生一碗水，老师就要有一桶水"，只有不断提升自身道德、知识、身心发展等各方面的能力，才能真正培养出德智体美劳全面发展的学生。因此，要推进高校辅导员专家化发展，就要因势而新，将"五育并举"融入辅导员队伍自身建设，拓宽发展道路，加快其专家化建设进程。

第四章 高校辅导员队伍建设的发展沿革

中国特色社会主义新时代需要德智体美劳全面发展的时代新人,高校作为培养时代新人的主要阵地之一,应该自觉肩负起这个新的时代任务。在我国,高校辅导员制度由来已久,从1924年至今,我国高校辅导员制度经历了一个从萌芽、建立到不断发展,直至最终完善和成熟的过程。面对新的时代要求和教育目标,只有充分了解高校辅导员队伍建设的发展沿革,才能更好地结合新的时代条件推进高校辅导员队伍对"五育并举"的实践探索。

第一节 高校辅导员制度的酝酿萌芽

(1924—1948)

1923年6月,中国共产党第三次全国代表大会在广州召开,为了更好地团结各种力量有力打击帝国主义和封建军阀势力,会议决定共产党员在党保持政治上、思想上、组织上的独立性前提下以个人身份加入国民党,以实现国共合作。1924年1月,中国国民党第一次全国代表大会在广东召开,孙中山在此次会议上重新解释了三民主义,形成了"联俄、联共、扶助农工"三大政策,至此,第一次国共合作得以正式形成。1924年5月,在中国共产党的推动和苏联的帮助下,孙中山在广州成立了训练革命军官的陆军军官学校,也就是闻名中外的黄埔军校,以培养反帝反封建的高素质军事人才为培养目标。为加强学校的政治工作,黄埔军校设立了校长、党代表的政治教育工作的佐理机关——政治部。1924年11月,中共中央决定由周恩来出任政治部主任一职。在以周恩来同志为代表的一批中国共产党党员接手政治部后,逐步在学校中建立起了一套初具规模的政治工作体制，这同时也成为了中国共产党在人民军队中从事思想政治教育的初步探索。首先，为加强对军队的政治领导，中国共产党人仿照苏俄的做法，在学生队伍中设立"政治指导员"一职，制定了《本校政治部政治指导员条例》，条例中指出："为辅助本校政治教育与各种政治工作能于革命的意义之下更适合各部队官长与学生的需要，各部队设政治部、政治指导员。"政治指导员的工作职责主要包括考察各部队的政治教育情况和效果、收集军校学生对政治教育和政治工作的建议及意见、调查各部队的军纪风气等等，是政治教育的辅助者和服务者。其次，在学校中组织宣传队，演出以反帝反封建为主要内容的文艺节目。除此之外，中国共产党还在黄埔军校中成立了编辑部，除主编了该校的革命刊物《黄埔潮》之外还出版了一系列宣传孙中山的新三民主义思想和马克思主义的刊物和书籍。在以周恩来同志为代表的中国共产党人担任黄埔军校政治部要职期间，一系列卓有成效的政治工作在掌握、引领黄埔军校军官学生的政治思想动态方面产生了巨大作用，黄埔军校的军官学员在一系列的政治学习中逐步认识到了反帝反封建的重要性，树立了坚定的反帝反封建思想，这极大地激发了他们参与国民革命的热情，为他们带领国民革命军在大革命中进行英勇斗争奠定了坚实的思想基础。此后，政治指导员制度这一在黄埔军校中被实践证明了的开展思想政治教育工作卓有成效的制度也成为了中国共产党在人民军队中开展思想政治教育工作的重要手段之一。

由于蒋介石、汪精卫相继背叛革命导致第一次国共合作破裂，1927年8月1日，中国共产党领导部分国民革命军在江西南昌打响了武装反抗国民党反动派的第一枪，史称"南昌起义"，此后，南昌起义部队成为了中国工农红军的主要组成部分之一，而在南昌起义部队中实行正是政治指导员制度。所谓政治指导员，亦简称指导员，是"中国人民解放军连和相当于连的基层单位的政治主官，与连长同为全连人员的首长，在上级首长、政治机关和连队党支部的领导下，对连队的各项工作共同负责。政治指导员是连队党支部日常工作的主持者和政治工作的领导者。"之后，随着中国工农红军不断发展壮大，政治指导员制度也相应在人民军队中得到了发展和确立。

1930年10月，党中央颁布了《中国工农红军政治工作暂行条例（草案）》，规定红军的政治工作就是要巩固中国共产党在红军中的领导，政治工作的目的就是提高红军的战斗力，政治工作的主要内容就是实施无产阶级教育。指出政治指导员具有担任政治教育的完全责任，必须是全体军人的模范，"必须非常了解中国共产党、苏维埃政权及工农红军的组织原则、任务和目的，在军事方面有相当的军事知识，并须时常学习军事知识"。在《中国工农红军政治工作暂行条例（草案）》的指导下，中国工农红军政治工作的组织体系不断完善，逐渐形成了自上而下、组织严密的政治工作网络，为人民军队后来成熟的政治工作制度的建立奠定了坚实的基础。之后，中国共产党又相继创办了一系列红军学校，并在这些红军学校中分别设置和配备了专门开展思想政治工作的专门部门和专职人员。1937年1月，改名为中国人民抗日军事政治大学的原中国抗日红军大学迁往陕西延安，在学校中设置了政治部、训练部、校务部，其中政治部主要负责学生的政治教育工作，对学生的思想、学习、生活等方面进行指导和指引。这一时期，是中国共产党第一次在大学中设立政治指导员，使得高校辅导员制度得以萌生发芽。

1924—1948年是中国革命发生翻天覆地的新变化的时期。在这一时期内，中国共产党通过建立和不断完善政治指导员制度，使得政治指导员成为连接党中央和每一个士兵的红色枢纽，为及时给各部队传达党的路线、方针、政策和解决人民军队中的个别人和个别集体的政治、思想、作风、纪律等方面的问题发挥了巨大的作用。正是因为人民军队中有了政治上、思想上、军事上、作风上、纪律上都过硬的政治指导员，才能很好地连接起人民军队和党中央的沟通桥梁，使人民军队永远保持战斗的热情，使中国共产党在带领人民建立新中国的风雨征途中永不变色，始终保持党的先进性和纯洁性，逐渐得到中国人民的真心拥护。这一时期中国共产党在人民军队和大学里建立政治指导员的初步探索极大地激发了人民军队的革命热情，使人民军队在风雨飘摇的革命战争年代始终坚定不移地坚持中国共产党的领导，始终坚定不移听从党的指挥，在人民群众的支持下获得一个又一个战役的伟大胜利。同时，虽然这一时期中国共产党的政治指导员制度主要是在军队中实行，带有浓厚的军事色彩，但军事上的政治指导员制度的探索和发展实际上也为新中国成立之后中国共产党在高校中建立系统的辅导员制度提供了可供参考的有效典范。因此，1924—1948年这一时期可称为我国高校辅导员制度的萌芽阶段。

第二节 高校辅导员制度的初步创立
（1949—1960）

1949年10月，中华人民共和国宣告成立，由此开辟了中国共产党在执政条件下在全国范围内进行思想政治教育的崭新历史时期。新中国成立之初，国内许多省份还未完全解放，大量土匪和敌特分子还未完全肃清，刚刚掌握政权的中国共产党在进行城市的管理、建设以及经济发展等方面还处于摸索之中。在各种主客观因素的影响下，中国共产党在思想政治战线面临着许多严峻的新形势。首先，意识形态领域存在无产阶级思想、民族资产阶级思想、小资产阶级思想等多种思想多元并存的情况。其次，由于中国共产党在城市中的思想宣传机构才刚刚建立，对于各部门进行宣传工作的具体职责和要求等都还不明确。再次，由于中国共产党的思想政治教育工作形成于战争年代，在新中国成立初期一时还难以适应在全国范围内开展思想政治工作的实际需要。这些新的形势和情况迫切需要中国共产党重视思想政治教育工作的问题，而高校作为培养高层次人才的主阵地，更需要切实开展思想政治教育工作。面对百废待兴的社会面貌，我国迫切需要大量人才，只有不断激发出高校学生建设新中国的热情，才能不断为新中国各个领域的建设输送人才。因此，怎样在高校中开展思想政治教育工作，在高校中建立一套什么样的思想政治教育机制成为了中央人民政府教育部成立后首先要解决的一个重要问题。

1951年，中央人民政府教育部发出了《关于加强对学校政治思想教育的领导》的指示，明确了在学校开展思想政治教育工作的重要性，使在高校中开展思想政治教育工作开始受到各方面的关注和重视。同年11月，在参考新中国成立之前中国共产党在人民军队中实行的政治指导员制度经验的基础上，教育部在《关于全国工学院调整方案的报告》中提出，要有准备地试行政治辅导员制度，设立专人担任各级政治辅导员来主持政治学习思想改造工作，成为党中央在新中国成立以来首次明确提出建立高校辅导员制度的标志性文件。1952年，教育部印发了《关于在高等学校有重点地试行政治工作制度的指示》，要求在高等学校重点试行政治工作制度，设立政治辅导处，配备若干政治辅导员。政治辅导员的主要任务是在政治辅导处主任领导下，辅导一个系或几个系学生的政治学习和社会活动；组织和推动教职员工政治理论学习和社会活动；掌握教职员工和学生的政治思想情况，确保教职工和学生能够形成统一的政治认识；管理教职员工和学生的历史、政治材料；主持毕业生的鉴定，参加毕业生的分配工作；参加教职员工的聘任、升迁、奖惩等工作。这一指示的提出，为我国高校的思想政治教育工作提出了更为明确和具体的要求和方向，使得我国高校辅导员制度在政策上得以确立。

新中国成立初期，高校中进行思想政治教育的人员主要是党团干部，他们在动员高校学子积极参与新中国成立初期的"土地改革""三反五反""抗美援朝"等运动中都发挥了十分重要的作用。但是，长期过多注重于社会实践逐渐影响了他们的学业，使得过多的思想政治教育工作和自身学习之间的矛盾成为了这一时期高校辅导员队伍的主要矛盾之一。除此之外，随着大批高校的相继建立，党团干部的数量也逐渐满足不了各高校对辅导员数量的需求，而从外地抽调来的辅导员也不一定能够确切地了解各高校的具体情况。为了更好地解决这些矛盾，1953年4月，清华大学的蒋南翔校长率先在清华大学建立了"双肩挑"的政治辅导员制度，在学生队伍中挑选出政治觉悟高、学习成绩优异的中国共产党党员和中国共产主义青年团团员担任学生辅导员。首先，他们负责在学生中开展思想政治教育工作，随时掌握学生们的思想状况，同时，又及时解决好学生们在生活上和思想上的困惑，不断激发高校学生投身新中国建设的热情。其次，这些学生辅导员还肩负着教学研究的任务，能够做到在开展工作的同时也较好地完成自身的学习任务。这一创举很好地解决了辅导员不了解学生情况、数量不够、学习和工作难以平衡的矛盾，使我国高校辅导员制度迈出切实的一步，成为我国高校辅导员制度实施的开端。1955年12月，党中央颁布了《关于配备高等学校政治工作干部的指示》，在指示中又对高校政工干部的编制、来源、条件等又做出了十分详细的规定。至此，辅导员制度开始在全国高校范围内广泛建立起来。

1949—1960年是新中国成立初期，也是我国高校辅导员制度的初步创立阶段。在这一时期，中国共产党在掌握了全国政权后，逐渐开始意识到在全国高校中建立辅导员制度的重要性，中央人民政府教育部开始颁布多个政策性的指导文件，在全国高校范围内掀起了设立辅导员，开展思想政治教育工作的热潮。这一阶段担任辅导员的群体已经由萌芽阶段带有浓厚的军事色彩的政治指导员变为在高校中对学生进行思想改造和在学生中开展政治工作的学生辅导员，使得高校辅导员制度真正得到建立和落实。通过在各高校中纷纷设立学生辅导员，特别是清华大学率先建立的"双肩挑"辅导员制度，极大地激发了高校学子投身新中国建设的饱满热情，使新中国成立之初党和国家的各项中心任务得以在全国人民的热烈支持和拥护中顺利开展和完成，为新中国的建设输送了众多新鲜的血液。同时，这些学生辅导员也及时了解和掌握高校学生的政治思想动态，为党和国家的发展做了贡献。

1964年6月，中共中央批准了高等教育部《关于加强高等学校政治工作和建设政治工作机构试点问题的报告》。该报告中关于高校辅导员的内容具体表现在三个方面。第一，建议每一百名学生平均至少配备一名专职政工干部。第二，要在二三年内配齐班级的专职政工干部。第三，专职政工干部的来源主要是选留的高校优秀毕业生。这些建议不仅对高校辅导员的配备比例和高校辅导员的来源作出了符合一定实际需要的规定，更在一定程度上保证了高校辅导员的质量和数量，使得辅导员制度化程度加深，促进了高校辅导员制度的进一步发展。1965年3月，教育部制定了《高等学校学生班级政治辅导员工作条例》，以法规的形式对高校政治辅导员的地位、作用、工作性质、任务、待遇等进行了明确界定。1965年8月，高等教育部出台了《高等学校学生班级政治辅导员工作条例（草案）》，在辅导员的身份、选拔条件、主要任务等方面对高校政治辅导员队伍的建设作出了明确的规定。

1961—1966年是中国共产党领导全国人民开始全面建设社会主义时期。在这一时期内，中国共产党对进行社会主义思想政治教育的探索虽然是充满艰辛和曲折的，但是也取得了不少的积极成果。随着党对于进行社会主义思想政治教育的目标和内容越来越明确，高校中的辅导员也进一步发展为由专职教师担任，而不再大量设立学生辅导员，使得高校辅导员队伍的建设也变得越来越制度化、规范化。在这一时期党中央和教育部颁布的相关文件中，与高校辅导员队伍建设的相关内容已经由初步创立阶段的呼吁在全国高校中正式设立辅导员转变为了对高校辅导员的选拔方式、身份要求、工作任务、工作待遇等各方面进行详细的规定，使得高校辅导员制度在人民当家作主的社会主义新中国得以基本形成。

第三节 高校辅导员制度的转折恢复（1967—1982）

自1966年开始，由于当时国内的政治、社会、经济、文化等因素的影响，出现了思想政治教育的政治生态恶化、思想政治教育的理论是非被混淆、思想政治教育的正确方针与原则遭到破坏、思想政治教育的优良传统被败坏等十分严重的问题，给党的思想政治教育工作造成了严重的危害和冲击，这些危害与冲击也波及了高校的思想政治教育工作领域。在之后的十年间，高校的思想政治教育工作日渐偏离正确的轨道，甚至一度陷入瘫痪的边缘，而高校辅导员队伍建设也出现了指导思想错误、组织机构瘫痪、辅导员身份角色发生颠倒以及辅导员队伍工作成绩遭到否定等问题，十分严重地影响了那一代大学生的全面发展，影响了当时高等教育的现代化发展和我国的社会主义现代化建设。

1977年，我国中断了近10年的高考制度得以重新恢复，为高校辅导员制度的恢复提供了前提和保证。1978年4月，全国教育大会在北京召开，大会指出，思想政治教育的指导思想要转变为培养又红又专的社会主义建设人才，并提出要进一步建设政治辅导员队伍。1978年10月，教育部颁布了《关于讨论和试行全国重点高等学校暂行工作条例（试行草案）的通知》，要求"在一、二年级设政治辅导员或者班主任，从专职的党政干部、思想政治理论课教师和其他青年教师中挑选有一定政治工作经验的人担任。政治辅导员既要做学生思想政治工作，又要坚持业务学习，有条件的要坚持半脱产，担任一部分教学任务"。1978年12月，党的十一届三中全会在北京召开，大会重新确立了实事求是的思想路线，实现了全党在思想上的拨乱反正，高校的思想政治教育工作由此得以重新走上正轨，高校辅导员制度也得以正式恢复。

由于刚刚结束十年的动荡，各高校辅导员大多又由没有太多经验的青年教师担任，于是在各高校中出现了辅导员队伍数量较少、思想水平不齐、工作态度不端正等问题,在一定程度上阻碍了当时高校的思想政治教育工作的恢复和发展。1980年4月,为了进一步加强高校的思想政治教育工作,教育部和共青团中央联合印发的《关于加强高等学校学生思想政治工作的意见》明确指出,各高校要结合自身情况积极建立一支有战斗力的政治辅导员队伍,并且无论是通过哪一种方式选拔辅导员,都必须确保他们有较高的思想政治觉悟和素养、有与思想政治工作相关的丰富知识、有较强的思想政治工作能力。该意见也指出,政治辅导员在开展思想政治工作的同时,要注意不断提升自己的工作素质和工作能力;要承担一部分教学任务,并注意在教学过程中对学生进行思想政治教育。此外,该意见还进一步指出,高校要重视建设和发展政治辅导员队伍,并要高度重视政治辅导员的各种需要,以便在满足他们需要的同时,使他们以更高的热情和积极性投入思想政治工作之中。1981年,教育部颁布《高等学校学生思想政治工作暂行规定》,对高校思想政治辅导员队伍的工作能力、配备比例、福利待遇、监督考核等方面都提出了建设性的要求,例如,思想政治辅导员必须要有较高的政治觉悟和良好的作风;要具备开展思想政治工作的知识和能力;可按1:120的比例配备第一线从事学生思想政治工作的政治辅导员;要确保专兼职思想政治辅导员都占有一定的比例等,使得高校辅导员队伍建设得到进一步发展。

  1967—1982年是一个党和国家经历巨大动荡和转折的重要历史时期,受当时国内各种因素的影响,我国高校辅导员制度也经历了一个从挫折走向恢复的阶段。这一阶段我国高校思想政治教育工作和高校辅导员制度的曲折发展,为我国之后高校思想政治教育工作的有序开展和高校辅导员队伍的发展创新提供了十分宝贵的经验教训和特殊的警示。经过十年的动荡,党和国家的思想政治教育工作积极吸取和总结这十年间的错误经验和教训,更加注重把握高校思想政治教育工作的正确方向,更加注重高校辅导员的思想政治素养和思想政治觉悟以及他们开展思想政治教育工作的能力和水平,在始终坚持正确的思想理论的指导下不断把高校辅导员的思想政治教育工作推向前进。

第四节　高校辅导员制度的蓬勃发展（1983—2000）

1984年6月，中共中央宣传部、教育部、共青团中央、全国教育工会联合召开的全国高等学校思想政治工作会议在北京召开，这次大会研究了为适应社会主义现代化建设的新形势和教育体制改革的新要求如何改革高校思想政治教育的问题。之后，有关于高校思想政治教育改革的一系列措施逐渐在全国各高校中开展起来，其中也包含了对高校辅导员队伍建设的新要求和新发展。

1986年，在国家教育委员会颁布的《国家教委关于加强高等学校思想政治工作的决定》中明确指出，高校在选拔思想政治辅导员时，要确保其具备良好的政治品质、有较高的马克思主义理论和政策水平、有丰富的专业知识、有较高的工作能力等，要注意从多方面选择思想政治辅导员，优秀教师、品学兼优的大学毕业生和研究生，都可以被引入思想政治辅导员队伍。同年，国家教育委员会还颁布了《关于选配品学兼优的应届毕业生充实高等学校思想政治教育工作队伍的通知》以及《关于在高等学校学生思想政治教育专职人员中聘任教师职务的实施意见》，这两项重要文件都对高校选拔辅导员提供了重要参考。1987年，中共中央颁布《关于改进和加强高等学校思想政治工作的决定》，明确要求各高校必须建设一支坚强的、由精干的专职人员与较多的兼职人员组成的思想政治工作队伍，同时还规定高校要注意改善辅导员待遇以保证其工作的积极性和主动性。

从20世纪末到21世纪初，为了更好地适应当时日益加深的经济全球化和世界多极化的国际趋势以及社会主义市场经济的国内环境对我国培养社会主义建设的人才要求，我国先后下发了包括《关于加强高等学校专职思想政治工作者正规培训的通知》《关于加强高校党的建设的若干意见》《关于新形势下加强和改进高等学校党的建设和思想政治工作的若干意见》等文件，大力加强和改进了高校的思想政治教育工作。除此之外，这一时期还颁布了

《中国教育改革和发展纲要》《关于贯彻爱国主义教育实施纲要的通知》《中共中央关于进一步加强和改进学校德育工作的若干意见》《中国高等学校德育大纲》等在内的多个有关高校德育工作的指导性文件,把整体规划学校德育体系纳入学校思想政治教育的重要任务,把培养有理想、有道德、有文化、有纪律的社会主义新人作为学校德育工作的根本任务,强调爱国主义教育是学校德育的重要内容,使德育工作成为新时期高校辅导员的重要工作任务之一。1999年6月,中共中央在第三次全国教育工作会议上做出《关于深化教育改革全面推进素质教育的决定》,强调德育是素质教育的重要组成部分,必须把德育、智育、体育、美育等有机地统一在教育活动的各个环节,进一步丰富了高校辅导员开展思想政治教育的内涵。

1983—2000年正处于世纪之交的关键时期,在我国进入改革开放历史新时期这一大的时代背景下,党和国家明确提出了"使我们的各族人民都成为有理想、讲道德、有文化、守纪律的人民"和"教育要面向现代化,面向世界,面向未来"的新要求,在这些新要求的指导下,我国高校辅导员制度进入了蓬勃发展的阶段。在这一时期,教育部针对我国思想政治教育工作还存在从业人员数量不足、从业人员业务水平不足、后续补充人员不足等问题,决定在部分高校中设置思想政治教育专业以培养一批专业的从事思想政治教育工作的高素质人才,此后,思想政治教育本科专业、思想政治教育专业硕士点、马克思主义理论与思想政治教育学科博士点开始在我国部分高校中正式设立起来,这一举措不仅促使我国思想政治教育工作更加专业化,也为新时期高校辅导员队伍的蓬勃发展提供了有力的人才保障。特别值得注意的是,这一阶段党和国家对高校辅导员工作任务的规定不仅进一步突出了德育的要求,还注重引导学生参加社会实践、加强学生的心理健康教育、形势与政策教育、就业等各方面的指导,开始对学生进行开发智力、促进身体发育、审美与美感等方面的教育,这些新的要求在一定程度上意味着担任高校辅导员的对象不仅仅只局限于在学习思想政治教育的专业人员身上,为学习体育、美术、音乐等方面的人才担任兼职辅导员提供了一定的可能性。除此之外,这些工作任务和要求也表明,只学习、传授马克思主义经典作家的著作和思想已经不能满足高校辅导员的实际工作需要了,各高校辅导员还要通过不断加强对心理学、时事政治、就业信息、艺术常识等各个方面的学习和关注,才能成为一名符合时代发展要求的合格的辅导员。

第五节　高校辅导员制度的完善成熟（2001 至今）

随着 21 世纪的到来，我国进入了全面建设小康社会、加快推进社会主义现代化建设新的发展阶段，在邓小平理论和"三个代表"重要思想的指导下，在深入贯彻落实科学发展观的过程中，党和国家扎实推进思想政治教育工作，在高校辅导员的配备、地位、选聘、待遇、考察等方面建立了更为完善的体系，使高校辅导员制度进入了完善成熟的阶段。

2000 年 6 月，中共中央思想政治工作会议召开，会议指出，必须建设一支政治强、业务精、纪律严、作风正的专兼结合的思想政治工作队伍。同年 7 月，教育部颁布的《关于进一步加强高等学校学生思想政治工作队伍建设的若干意见》指出，第一，要采取切实措施，建设一支精干、高素质的学生思想政治工作队伍。高等学校学生思想政治工作队伍，是保证学校坚持社会主义办学方向，全面贯彻党的教育方针，培养德智体美等全面发展的社会主义事业建设者和接班人的一支不可缺少的重要力量，是学生思想政治工作的组织者和指导者，是高等学校教师和管理队伍的重要组成部分。高等学校学生思想政治工作人员包括专职人员和兼职人员。专职学生思想政治工作人员应该承担"两课"或其他课程的教学及相关科研工作。兼职学生思想政治工作人员，是指从教师和品学兼优的党员研究生、高年级大学生中选拔配备的半脱产学生班主任、导师或学生政治辅导员。他们一边从事教学、科研工作或学习，一边从事学生思想政治工作。专职学生政治辅导员任期一般为 4~5 年；兼职学生政治辅导员任期一般为 2~4 年。原则上可按 1:120~150 的比例配备专职学生思想政治工作人员。第二，要坚持标准，精心培养，不断提高队伍的整体素质。各高等学校要坚持选拔、使用、管理、培养、提高相结合的原则，采取得力措施，加强对学生政治辅导员的教育、培养。像培养业务学术骨干那样，花大力气培养高水平、高素质的学生思想政治工作骨干。要从实际出发，制订培养规划，有计划、有步骤地安排他们参加各种形式的岗前培训和在岗培训，不断提高他们的政治理论素养和政策水平，努力提高组织管理工作水平和工作技能。要建立必要的规章制度，切实保证各项培养工作的落实。第三，要制定并落实学生思想政治工作队伍建设的政策、措施。各高等学校应根据自己的实际，将思想政治工作人员的岗位津贴等纳入学校内部分配办法统筹考虑。通过合理调整校内奖酬金分配办法，使学生思想政治工作人员的实际收入与本校相应教师的平均收入水平相当。第四，要加强领导，健全制度，严格要求，严格管理。各高等学校要进一步建立健全和完善学生思想政治工作人员的管理考核制度，加强对学生思想政治工作人员的日常管理、严格考核。考核结果要与职务聘任、奖惩、晋级挂钩。各高等学校要为学生思想政治工作人员深入学生做细致的思想政治工作创造工作条件和环境，保证他们有足够的精力放在学生思想政治工作上。大力推动全体教职工教书育人，管理育人，服务育人，鼓励和支持优秀中青年教师兼任学生政治辅导员、班主任和学生社团的指导教师。2004年，中共中央在《关于进一步加强和改进大学生思想政治教育的意见》中将"政治辅导员"改为"辅导员"，并对高校的辅导员的地位做出了明确的说明，指出大学生思想政治教育工作队伍主体是学校党政干部和共青团干部，思想政治理论课和哲学社会科学课教师，辅导员和班主任。其中，辅导员、班主任是大学生思想政治教育的骨干力量，辅导员要按照党委的部署有针对性地开展思想政治教育活动。2005年，教育部相继出台了《关于进一步加强和改进师德建设的意见》以及《关于加强高等学校辅导员、班主任队伍建设的意见》，指出高校专职辅导员总体上要按照1∶200比例配备；确保辅导员的实际收入与本校专任教师的平均收入水平相当；要通过制定高等学校辅导员工作条例来加强对辅导员队伍的管理等。2006年，为了进一步提高高校辅导员队伍素质和加强高校辅导员队伍的管理，教育部颁布了《普通高等学校辅导员队伍建设规定》，重申了辅导员在高校中是具有教师和干部双重身份的人员，必须不断加强辅导员队伍的培训，为其创造良好的政策环境、工作环境和生活环境，将辅导员队伍建设作为一项长期性、基础性的重大任务。

2014年3月，为贯彻落实教育规划纲要和《普通高等学校辅导员培训规划（2013—2017年）》精神，构建高校辅导员队伍能力标准体系，推动高校辅导员队伍专业化建设和职业化建设，教育部印发的《高等学校辅导员职业能力标准（暂行）》指出，辅导员是高等学校教师队伍和管理队伍的重要组成部分，具有教师和干部的双重身份。辅导员是开展大学生思想政治教育的骨干力量，是高校学生日常思想政治教育和管理工作的组织者、实施者和指导者。辅导员应当努力成为学生的人生导师和健康成长的知心朋友。同时，对高校辅导员的职业等级、职业能力特征、基本文化程度、政治面貌要求、培训要求、职业守则、职业知识等一一做出了具体规定。2017年10月，教育部修订通过的《普通高等学校辅导员队伍建设规定》施行，修订后的规定指出，辅导员是开展大学生思想政治教育的骨干力量，是高等学校学生日常思想政治教育和管理工作的组织者、实施者、指导者。辅导员应当努力成为学生成长成才的人生导师和健康生活的知心朋友。辅导员工作的要求是恪守爱国守法、敬业爱生、育人为本、终身学习、为人师表的职业守则；围绕学生、关照学生、服务学生，把握学生成长规律，不断提高学生思想水平、政治觉悟、道德品质、文化素养；引导学生正确认识世界和中国发展大势、正确认识中国特色和国际比较、正确认识时代责任和历史使命、正确认识远大抱负和脚踏实地，成为又红又专、德才兼备、全面发展的中国特色社会主义合格建设者和可靠接班人。同时，该规定还指出，辅导员的主要工作职责包括思想理论教育和价值引领、党团和班级建设、学风建设、学生日常事务管理、心理健康教育与咨询工作、网络思想政治教育、校园危机事件应对、职业规划与就业创业指导、理论和实践研究等。高等学校应当按总体上师生比不低于1∶200的比例设置专职辅导员岗位，按照专兼结合、以专为主的原则，足额配备到位。辅导员培训应当纳入高等学校师资队伍和干部队伍培训整体规划。高等学校辅导员实行学校和院（系）双重管理。这一系列规定使得21世纪高校辅导员队伍建设更为规范化、专业化、职业化。

21世纪是科学技术日新月异的时代，也是社会主义建设更加需要大量为人民服务的高素质人才的时代，新的时代发展需要对教育提出了新的要求和目标，也对高校的思想政治教育工作提出了新的课题，在我国不断推进高校思想政治教育工作的过程中，我国高校辅导员制度逐渐变得成熟和完善起来。2017年10月，党的十九大报告指出，中国特色社会主义进入了新时代。新时代的中国在国际地位、发展目标、发展方式等方面都产生了新的变化，这些变化无一不表明，只有政治思想素质高，拥有深厚的知识储备和丰富的实践经验、勇于创新、不畏艰苦、德智体美劳全面发展的人才才能更好地为新时代中国特色社会主义事业做贡献。为了满足新时代对人才的需要，党和国家对高校辅导员的工作要求也在逐步地提高，要求各高校辅导员在工作中要更加注重对高校学生进行素质教育，不断通过各种方式方法的创新促使学生在德智育美劳方面得到全面的发展，培养出堪当民族复兴重任的时代新人。

第五章 "五育并举"型高校辅导员队伍建设的问卷调查与实证分析

马克思说:"问题就是公开的、无畏的、左右一切个人的时代声音。问题就是时代的口号,是它表现自己精神状态的最实际的呼声"。强烈的问题意识是马克思主义理论的固有品质,只有直面问题、研究问题,才能把握问题的实质,找到解决问题的根本方法。"五育并举"型高校辅导员队伍建设的现状如何?存在哪些问题?原因是什么?答案是什么?只有在现实中寻找。

第一节 "五育并举"型高校辅导员队伍建设的问卷调查

一、调查目的

"五育并举"型高校辅导员队伍建设现状如何,体会最直接、最深刻的一定是高校辅导员。调查旨在通过对全国高校辅导员的随机调查和访谈,尝试把握当前"五育并举"型高校辅导员队伍建设的基本情况及存在的主要问题,为今后加强"五育并举"型高校辅导员队伍建设提供事实依据和数据参考。

二、调查方法

本研究采用随机抽样调查方法,以发放调查问卷和随机访谈相结合的形式开展调查研究,以自主编制的《"五育并举"型高校辅导员队伍建设现状调查问卷》（附录一）作为主要调查工具，向全国辅导员随机发放调查问卷并回收统计，以《"五育并举"型高校辅导员队伍建设现状访谈提纲》（附录二）为辅，对部分辅导员进行了访谈。

三、问卷设计

问卷设计坚持将与"五育并举"型高校辅导员队伍建设相关的直接或间接因素纳入其中，以单选题为主，部分影响因素比较多的题目则设定为多项选择题。问卷共设置100道题，其中单选题60道题，多选题30道题。问卷第1~10题是关于调查对象的基本信息，第11—100题是问卷的主体，分为五个部分。

第一部分（第11~30题）是关于高校辅导员职业现状的调查，问题包括辅导员对辅导员的职业认知、职业情感、职业理念、职业意志和职业行为等。

第二部分（第31~45题）是关于高校辅导员队伍建设的调查，问题包括关于辅导员队伍的学习培训（学习认知、学习需求、学习规划、培训方式和培训频率等）、辅导员队伍的发展（职务/职称、科研、研修深造、交流学习等方面的现状、发展规划、存在问题和阻碍因素等）。

第三部分（第46~60题）是关于"五育并举"融入大学生思想政治教育的调查，问题包括关于"五育并举"的认知（内容、理念等）、"五育并举"融入大学生思想政治教育的现状（内容、方式、工作发现的难点堵点、阻碍因素等）。

第四部分（第61~80题）是关于"五育并举"融入辅导员工作的调查，问题包括关于辅导员工作中对"五育并举"的运用（内容、方式等）。

第五部分（第81~100题）是关于"五育并举"融入辅导员队伍建设的调查，问题包括"五育并举"对于辅导员队伍建设的作用、"五育并举"型辅导员队伍建设的政策认知和供给情况、目前存在的问题及阻碍因素等。

四、调查对象

（一）调查对象的选取情况

截至2022年7月，全国高校专兼职辅导员共有24.08万人，分散在全国各地高校，调查问卷全部通过实地发放回收存在一定困难。因此，本次问卷调查采用实地发放和网络问卷结合的方式，对重庆本地的高校采用实地发放问卷调查，重庆以外高校实行网络问卷调查，借助邮件、QQ群、微信群发出问卷邀请。在问卷发放抽样中尽可能兼顾高校所在的地区比重、重点高校、普通高校和民办高校之间的比例平衡，以保证调查的客观性和代表性，进一步提升实证研究的有效性和可信度。累计发放调查问卷1400份，共收到来自全国483所高校1321位辅导员的有效问卷，有效回收率为94.36%。

（二）调查对象的构成情况

1. 高校结构

调查对象来自全国483所高校，其中来自双一流高校、重点高校（985/211）的有194人，占14.69%；来自普通高校的有840人，占63.59%；来自民办高校的有287人，占21.73%。

2. 性别结构

接受调查的男性辅导员有615人，占46.56%；女性辅导员有706人，占53.44%。

3. 年龄结构

接受调查的辅导员中，年龄在30岁及以下的有361人，占27.33%；年龄在31~40岁之间的有548人，占41.47%；年龄在41~50岁之间的有247人，占18.72%；年龄在51岁以上的有165人，占12.49%。从调查总体来看，年龄40岁以下的辅导员人数占到了68.8%，是辅导员队伍中的主力军，而年龄在41岁以上的辅导员人数占比则相对较少，从数据情况可以看出，一方面随着近年来高校辅导员的不断扩充，辅导员队伍逐渐年轻化，另一方面也可以看出随着年龄增长，辅导员队伍呈现出较大的流动性。

4. 学历结构

接受调查的辅导员中，学历在大专及以下的仅有9人，占0.68%；学历本科的有369人，占27.93%；学历硕士的有759人，占57.46%；硕士在读的有71人，占5.37%；学历是博士的有81人，占6.13%；博士在读的有32人，占2.42%。以上数据表明，目前高校辅导员学历以硕士为主，随着近年来辅导员队伍学历层次提升的需求不断增强，在职提升学历的人员也在逐渐增多。

5. 学科结构

接受调查的辅导员最终学历专业学科门类是：教育学的有228人，占17.26%；文学的有183人，占13.85%；哲学的有125人，占9.46%；管理学的有 164 人，占 12.41%；心理学的有 102 人，占 7.72%；法学的有 126 人，占 9.54%；工学的有 171 人，占 12.94%；经济学的有 78 人，占 5.9%；农学的有 49 人，占 3.71%；医学的有 38 人，占 2.88%；艺术学的有 57 人，占 4.31%。从数据来看，辅导员最终学历专业学科门类较为广泛，这与各高校招聘辅导员时较为宽泛的招聘专业类型相关。学科专业背景多样化的辅导员队伍，为将"五育并举"融入辅导员队伍建设提供了可行性。

6. 任职结构

接受调查的辅导员中，任职时间在 4 年及以下的有 521 人，占 39.44%；任职 5~8 年的有 411 人，占 31.11%；任职 9~12 年的有 245 人，占 18.55%；任职 13 年及以上的有 144 人，占 10.9%。从数据可以看出，辅导员任职年限与所占人数成反比，任职年限越低人越多，任职年限越长人越少，结构呈现正金字塔形，与近年来辅导员队伍的扩充相关，新任职辅导员年限普遍较短。

五、调查结果

（一）高校辅导员的职业现状情况

高校辅导员职业现状（包括辅导员对辅导员的职业认知、职业情感、职业理念、职业行为和职业发展规划）是个体对辅导员职业态度、职业愿望、职业投入感的体现，反映了辅导员对职业的认同程度，而辅导员对职业的认同程度直接关系到辅导员队伍的稳定性，也关系到辅导员能否具备正确的工作态度、职业发展规划和发展动力。从调查结果来看，大多数辅导员对职业的认同程度较高，但职业发展的现实问题，也是让辅导员产生了矛盾心理，以致出现职业倦怠甚至人员流失的重要影响因素。

1. 职业认知

调查显示，有 91.36% 的调查对象认为辅导员工作"非常有意义"或"很有意义"，只有 7.15% 的调查对象认为辅导员工作"意义一般"，1.08% 的人认为"意义很小"，0.41% 的人认为"没有意义"。调查结果表明，大多数调查对象对辅导员职业价值持认同态度。

关于"辅导员在高校的职业地位"调查方面，有 19.02% 的调查对象认为辅导员在高校的职业地位"高"，有 13.13% 的调查对象认为"比较高"，有 38.57% 的人认为"一般"，19.9% 的人认为"比较低"，9.38% 的人认为

"低"。职业地位的感知往往取决于经济收入、社会地位和社会声望,从调查结果来看,"一般"及以下的占到了67.85%,在一定程度上也反映出调查对象对辅导员职业在高校的职业地位认同度较低,与辅导员职业的实际境遇也密切相关。

2. 职业情感

调查显示,有42.38%的调查对象选择辅导员职业是因为"喜欢高校工作环境",37.17%的人是因为"喜欢学生工作",9.42%的人是因为"专业对口",7.64%的人是因为"工作稳定性",3.39%是因为"其他原因"。调查结果表明,大部分调查对象选择辅导员职业源于对学生工作的热爱和对高校工作环境的喜爱,对工作内容和工作环境的认可在某种程度上也是支撑和激励辅导员在工作岗位上持续学习、发展和成长的不竭动力。

关于"辅导员职业幸福感"调查方面,调查显示,有13.47%的调查对象认为从事辅导员职业"非常快乐",有69.98%的调查对象认为"比较快乐",有8.34%的调查对象认为"不快乐",还有8.21%的调查对象认为"说不清楚"。调查结果表明,大多数调查对象能够在从事辅导员职业过程中获取幸福感,情感体验比较好,而正向的情感体验在某种程度上有益于辅导员对职业情感的培养,有益于辅导员将辅导员职业作为一项长期从事的事业。

关于"辅导员职业成就感"调查方面,调查显示,有12.23%的调查对象认为职业成就感"非常高",有49.89%的调查对象认为职业成就感"比较高",也有35.16%的调查对象认为职业成就感"一般",还有1.59%的人认为"低",1.13%的人认为"非常低"。调查结果表明,大多数调查对象对辅导员职业具有较高的职业成就感,认为自身的努力和付出是有成效的,这种职业成就感也是继续促使辅导员更加增强职业投入,提升职业素养,获得更好的职业体验和职业成就的动力来源。

关于"辅导员职业满意度"调查方面,调查显示有8.17%的调查对象对辅导员工作现状"非常满意",有35.24%的调查对象认为"比较满意",有47.15%的调查对象认为"一般",有7.88%的调查对象认为"不满意",有1.56%的调查对象认为"非常不满意"。调查结果表明,当前大多数辅导员对工作现状的满意程度总体较好,但也有部分辅导员对工作现状的改善是存有期许的,辅导员工作确实存在一些亟待解决的困难和有待完善之处。

关于"辅导员职业倦怠感"调查方面,调查显示有4.79%的调查对象职业倦怠感"非常强烈",有21.92%的调查对象认为"比较强烈",有56.44%的调查对象认为"一般",有16.85%的调查对象认为"没有倦怠感"。调查结果表明,对于辅导员职业倦怠感"非常强烈"或"没有倦怠感"的调查对象都较少,大多数的在从事一段时间的辅导员工作后都会出现不同程度的倦怠情绪,这并非仅仅出现在辅导员职业中,其他职业也存在类似问题。如何消解和预防辅导员职业倦怠感是辅导员队伍建设中需要高度重视的方面,工作倦怠感会消解从业者在钻研工作、学习技能上的积极性、专注行为和精力。高校辅导员职业给辅导员带来的价值感、成就感有利于辅导员调动自身内部的职业责任感和学习驱动力而不断地自我激励,负面的情感体验则会成为阻碍辅导员成长发展的消极因素。

3. 职业理念

关于"辅导员专业化、职业化发展"调查方面,调查显示,有89.32%的调查对象表示"赞同",有7.33%的调查对象表示"不赞同",有3.35%的调查对象持"不关注/无所谓"的态度。调查结果表明大多数辅导员拥有坚定的职业信念,对辅导员专业化、职业化发展持肯定和支持态度,对职业发展方向有基本的判断。这说明通过长期的政策宣传和实践探索,辅导员专业化、职业化发展的理念已经深入人心且得到大多数辅导员的认同。

关于"辅导员职业生涯规划"调查方面,调查显示,有50.91%的调查对象表示开展过职业生涯规划,有49.09%的调查对象表示没有开展过职业生涯规划。"凡事预则立,不预则废。"关于"辅导员类型定位",有57.13%的调查对象认为自己属于"事务型辅导员",有19.43%的调查对象认为自己属于"研究型辅导员",有13.14%的调查对象认为自己属于"专家型辅导员",10.3%的调查对象认为自己"未确定具体类型"。关于"未来五年职业发展目标",有27.34%的调查对象表示更倾向专业领域,要"成为专业领域优秀的辅导员",有35.27%的调查对象表示更倾向科研学术领域,要"成为专家型辅导员",有21.36%的调查对象表示想"成为专业教师",10.14%的调查对象表示想"转岗/竞聘为行政人员",5.89%的调查对象则表示想"离开高校"。

辅导员是否能够拥有明确的职业生涯规划意识,是否积极科学地开展个人职业生涯规划,是否能够将个人发展目标与队伍建设目标有机地结合起来,直接关系到辅导员个人学习、成长和发展,也关系到辅导员队伍专业化、职业化的发展进程。

从以上的调查数据来看，大多数在职辅导员具有在辅导员岗位上继续成长和发展的意愿，成长为专业型、专家型的辅导员是很多人的努力方向。同时也有一部分人选择在未来五年内转任专任教师、转岗或者离开高校，合理范围内的岗位流动变化是正常的，源头活水有益于这支队伍的持续健康发展。

4. 职业意志

调查显示，关于"支撑辅导员长期从事辅导员职业的原因"调查方面，"工作成就感高""能实现职业理想""时间自由"三个选项排在前三，分别占38.39%、21.25%、17.67%，选择"专业对口"的占10.51%，选择"社会评价高"的占7.93%，选择"发展前途好"的占2.71%，仅有1.54%的人选择"收入稳定"。调查结果表明，支撑和阻碍辅导员长期从事辅导员工作的因素各异，辅导员的职业成就感和职业理想在某种程度上支撑着辅导员长期从事辅导员职业，辅导员对个人社会价值和教育理想的实现问题的关注要远远高于对外在收入和发展前途等现实问题上的关注，某种程度上可以看出高校辅导员队伍是一个拥有崇高职业理想、职业意识较强的群体，应当对他们职业理想的树立和追求提供支持和鼓励。

关于"可能影响辅导员离开辅导员岗位的原因"调查方面，选择"工作压力大"的占41.27%，选择"职业地位低"的占24.33%，选择"没有前途"的占11.52%，选择"收入低"的占5.47%，选择"年龄问题"的占4.41%，这五个因素成为可能导致辅导员选择离开辅导员岗位的主要诱因。另外，4.07%选择"没有工作成就感"，3.81%选择"社会评价低"，3.66%选择"专业不对口"，2.46%选择"其他原因"。调查结果表明，工作压力问题、职业地位问题、发展出路问题、收入问题等成为辅导员职业化道路上的显性阻碍因素，良好的外在环境和优越的制度机制对辅导员队伍长期稳定、可持续发展有着至关重要的作用。

关于"辅导员对自己工作的要求"调查方面，有52.15%的调查对象选择"追求卓越，立志成为优秀辅导员"，有45.28%的调查对象选择"尽职尽责，做好工作"，有1.95%的调查对象选择"不出错/出事就好"，有0.62%的人选择"没有具体要求"。调查结果表明，高校辅导员中绝大部分人的工作态度是积极正向的，将做好本职工作作为职业底线，且超过一半的调查对象拥有追求卓越、成为优秀辅导员的美好追求。可见，高校辅导员队伍是一支有正向积极、追求上进的学生工作队伍。

5. 职业行为

关于"高校辅导员队伍职业行为"调查结果显示，有49.15%的调查对象认为"高校辅导员队伍是一支有共同教育梦想，成员齐心协力、共同奋进的队伍"，有32.32%的调查对象认为"高校辅导员队伍是一支受尊重受关爱，成员乐观自信、自信努力的队伍"，有15.11%的调查对象认为"高校辅导员队伍是一支为了工作而聚合，成员主要依靠自身努力完成工作的队伍"，还有3.42%的调查对象认为"高校辅导员队伍是一支不被重视，容易产生倦怠的队伍"。调查结果体现了调查对象对自己所在职业队伍的基本看法，绝大多数的辅导员对这支队伍是持认可态度的。这种对队伍的认同感是辅导员队伍凝聚力量、齐心协力，为共同的教育理想不懈努力的精神动力，也是辅导员主动配合"五育并举"型辅导员队伍建设的重要前提。

（二）高校辅导员队伍建设的调查

1. 辅导员队伍的学习培训

（1）学习认知

关于"辅导员学习认知"调查结果显示，大多数辅导员的学习认知是充分的，有75.21%的调查对象认为学习对于辅导员"非常重要"，有20.66%的辅导员认为"比较重要"，有3.62%的辅导员认为"重要"，只有0.51%的辅导员认为"不重要"。关于在"五育并举"型开展辅导员队伍建设的态度问题上，有92.15%的调查对象表示"赞同"，有6.59%的调查对象表示"都可以"，有1.26%的人表示"不赞同"。调查结果表明，大多数辅导员比较认同和支持在"五育并举"型辅导员队伍这一理念和思路，希望以此提升辅导员的素质能力，进而提升辅导员队伍的整体水平。

（2）学习需求

关于"辅导员学习需求"调查结果显示，辅导员的学习需求呈现出迫切性和多样性，大多数的辅导员能够清晰把握自身的学习需求并且制订计划付诸实施。辅导员的学习需求是辅导员开展学习、提升自我的内部动力，只有厘清了"有什么？""缺什么？"，才能进一步明确"学什么？""怎么学？"的问题。我们以辅导员最为关注的职业资格证书来举例说明。

从调查对象所具备的职业资格证书来看，有81.23%的调查对象有"高校教师资格证书"，有31.35%的调查对象有"心理咨询师资格证书"，有

29.75%的调查对象有"职业指导师资格证书",有10.93%的调查对象有"创业咨询师资格证书",有6.92%的调查对象有"人力资源管理师资格证书",有"其他证书"的占21.39%。其中,有65.73%的辅导员同时拥有两个及以上职业资格证书,有7.57%的辅导员拥有4个以上资格证书,同时也有5.45%的辅导员表示"没有任何资格证书"。调查结果显示,辅导员在职业资格证书持有度上比例尚可,说明无论是高校还是辅导员自身对于职业资格认证越来越重视,提高职业资格证书的持有度对提升辅导员职业化水平具有较大推动作用。但同时调查也发现,还有18.77%的调查对象尚不具备"高校教师资格证书",除去11.07%工作年限在1年以内的调查对象,还有7.7%的调查对象不具备"高校教师资格证书",另外,还有5.45%调查对象"没有任何资格证书",这些问题也不容忽视。

关于"辅导员工作能力不足之处"调查方面,有62.75%的调查对象认为"学术研究能力不足",有13.51%的调查对象认为"教育引导能力不足",有8.09%的调查对象认为"语言文字表达能力不足",有7.2%的调查对象认为"组织管理能力不足",有5.79%的人认为"调查引导能力不足",有2.66%的人认为"其他能力不足"。调查结果表明,学术研究能力是当前辅导员普遍认为比较欠缺的工作能力,这与辅导员的专业来源、科研能力、高校科研评价体系等密切相关。

关于"辅导员学科知识不足之处"调查方面,33.53%的调查对象选择了"心理学",25.72%的调查对象选择了"教育学",18.23%的调查对象选择了"思想政治教育",13.75%的调查对象选择了"社会学",7.25%的调查对象选择了"伦理学",1.52%的调查对象选择了"其他"。调查结果表明,随着工作环境和工作对象复杂化、多样性发展,辅导员在专业知识的需求也越来越迫切,尤其是与学生教育管理工作息息相关的一些专业知识,例如心理学、教育学、思想政治教育学等知识亟待学习和提升。每一位辅导员因为学科来源、工作环境、工作对象的不同,对各类知识的掌握和需求程度也不尽相同,不断丰富专业知识积累、扩展知识谱系是每个辅导员专业化发展的必然过程。

关于"辅导员最需求的学习内容"调查方面,"心理健康教育与咨询"方面占31.19%,"学生工作理论实践能力提升"方面占22.1%,"职业规划和就业创业指导"占17.34%。此外,"网络思想政治教育""危机事件应对""思想政治教育"分别占8.31%、7.79%、6.22%,"党团和班级建设""学业指导""日常教育管理"分别占3.01%、2.51%、1.53%。调查结果表明，大多数辅导员对工作中需要加强学习的内容有充分思考，且越是不可替代性强、专业技术要求高的工作内容，辅导员的学习需求越强烈，这与当前辅导员职业能力要求不断提高的现实状况密切相关。

（3）培训方式

关于"辅导员学习渠道"调查方面，选择"网络""书籍""文件"是选择比例比较高的三个选项，分别占57.13%、21.43%、11.76%，此外选择"报章杂志""电视""广播"的分别占5.9%、2.59%、1.19%。从调查数据可以看出，随着现代信息技术的发展，辅导员学习的网络媒介已经开始超越书籍、文件、报章杂志等传统媒介，加强网络学习资源的开发和利用势在必行。

关于"辅导员目前具备的工作知识技能来源问题"调查数据显示，"在工作中自我学习和总结""在职培训/挂职锻炼""老同志的传、帮、带"是选择比例比较高的三个选项，分别占51.27%、24.19%、19.95%，占比例比较低的两个选项是"职前学习""职前培训"，分别占2.95%和1.64%。调查结果表明，自主学习是目前辅导员开展学习的主要形式，辅之以集中培训和同行交流等，学习形式总体上比较传统单一。辅导员工作知识、技能的获取渠道，自我学习总结的内在影响因素，远远要高于来自专业的职前学习、职前培训、传帮带等外在推动因素，也说明外在条件对推动辅导员职业技能获取方面还有很多可供探寻的方面。

关于"辅导员入职以来参加过的在职培训的形式"调查方面，"专家讲座""专项培训""辅导员沙龙"选择比例比较较高，分别占30.01%、21.35%、16.65%，此外，"专题研讨会""参观考察""出国学习"分别占有14.25%、9.84%、6.2%，还有1.1%选择"其他"。调查结果显示，当前辅导员绝大部分都参加过在职培训，目前在职培训的形式也比较多样。

（4）培训频率

关于"近三年辅导员参加校级培训学习的次数"调查显示，有34.03%的调查对象表示有"1~2次"，有23.39%的调查对象表示有"3~4次"，有15.13%的调查对象表示有"5~6次"，有11.84%的调查对象表示有"7~8次"，有9.66%的调查对象表示有"9次及以上"，还有5.95%的调查对象表示是"0次"。调查结果显示，校级培训在辅导员中开展得比较普遍，这与政策引导和学校重视是分不开的。

关于"近三年辅导员参加省级培训学习的次数"调查显示，有32.51%的调查对象表示参加过"1~2次"，17.01%的调查对象表示参加过"3~4次"，5.37%的调查对象表示参加过"5~6次"，参加过"7~8次"的仅占2.37%，参加过"9次及以上"的仅占0.35%，参加过"0次"的占42.39%。相较于校级培训，辅导员参与省级培训的频次明显降低，这与省级辅导员培训学习举办的组织机构、报名要求、培训对象、培训规模、培训经费、培训地点等诸多因素都有联系。事实上，相对于参加校级培训，参加省级的培训学习确实有更多的限制条件，参与的便捷度不如校级培训。

关于"近三年辅导员参加国家级培训学习的次数"调查显示，有75.58%的调查对象参加次数为"0次"，12.61%的调查对象参加过"1次"，7.44%的调查对象参加过"2次"，2.61的调查对象参加过"3次"，1.51%的调查对象参加过"4次"，0.25%的调查对象参加过"5次及以上"。国家级培训学习相较于省级培训学习在报名要求上有更进一步的要求，因此，对于大多数辅导员而言，参加国家级的培训和学习机会相对要少得多。

关于"近三年辅导员参加国外培训学习的次数"调查显示，有97.82%的调查对象参加次数为"0次"，1.05%的调查对象表示参加过"1次"，0.44%的调查对象表示参加过"2次"，0.38%的调查对象表示参加过"3次"，0.31%的人表示参加过"4次"，无人参加过"5次及以上"。调查结果表明，绝大多数的辅导员目前还没有机会到国外去参加相关的培训和学习，这与参加国外交流学习的机会不多、要求较高相关，另一方面也与后疫情时代，国外交流机会的进一步收紧密切相关。

2. 辅导员队伍的发展

（1）职称结构

调查显示，调查对象中未定职称的有193人，占14.61%；初级职称的有275人，占20.82%；中级职称的有716人，占54.2%；副高职称的有92人，占6.96%；高级职称的仅有45人，占3.41%。调查结果显示，拥有中级职称的辅导员人数最多，这与队伍的学历、年龄情况相关，而拥有副高以上职称的辅导员人数则较少，可见辅导员职称晋提升人数相对较少。

（2）职务结构

从调查对象的职务结构来看，70.63%的调查对象未担任行政职务，担任院（系）党委（党总支）副书记等副处级职务的有131人，占9.92%；担任学工组长、团委（团总支）书记等科级职务的有257人，占19.45%。调查结果显示，随着近年来辅导员队伍建设的不断加强，辅导员的职务发展渠道也在进一步拓宽，辅导员的发展保障不断完善。

（3）科研情况

关于"近三年发表学术论文（含优秀网络文化成果）"调查显示，有85.18%的调查对象发表篇数为"0篇"，12.05%的调查对象发表过"1篇"，1.85%的调查对象发表过"2篇"，0.63%的调查对象发表过"3篇"，0.29%的调查对象发表过"4篇"，只有0.03%的调查对象发表过"5篇及以上"。

关于"近三年发表专著"调查显示，有97.91%的调查对象发表专著为"0部"，1.51%的调查对象发表过"1部"，0.79%的调查对象发表过"2部"，0.21%的调查对象发表过"3部及以上"。

关于"近三年主持/参研校级科研项目"调查显示，有26.33%的调查对象选择"0项"，51.74%的调查对象选择"1项"，17.27%的调查对象选择"2项"，4.66%的调查对象选择"3项及以上"。关于"近三年主持/参加省部级科研项目"调查显示，有87.42%的调查对象选择"0项"，9.34%的调查对象选择"1项"，3.21%的调查对象选择"2项"，0.03%的调查对象选择"3项及以上"。关于"近三年主持/参加国家级科研项目"调查显示，有96.79%的调查对象选择"0项"，2.9%的调查对象选择"1项"，0.3%的调查对象选择"2项"，0.01%的调查对象选择"3项及以上"。

从以上关于辅导员发表论文、发表专著、主持或参研各级各类科研项目调查结果表明，辅导员队伍整体科研投入比较少，科研能力和科研水平还较为薄弱，而目前虽然大多数高校均已落实专职辅导员职务职级"双线"晋升要求，但是辅导员的科研成果也会成为职称、职务晋升的关键影响因素。

（4）研修深造

关于"在职提升学历"的调查数据显示，硕士在读的调查对象有71人，占5.37%；博士在读的有32人，占2.42%。调查结果显示，目前高校辅导员学历以硕士为主，随着近年来辅导员队伍学历层次提升的需求不断增强，在职提升学历的人员也在逐渐增多，但从人数和占比来看总体还是较少。

关于"近三年参与挂职、借调等交流"的调查数据显示，有92.38%的调查对象参与次数为"0次"，有6.32%的调查对象参与交流"1次"，有1.28%的调查对象参与交流"2次"，有0.02%的调查对象参与交流"3次及以上"。

调查结果显示，辅导员通过挂职、借调等方式参与交流的人数和频率都较低，反映出由于接收单位条件要求、派出单位人员安排等各方面因素影响，目前辅导员通过多元渠道和平台进行交流学习的机会并不是很多。

三、关于"五育并举"融入大学生思想政治教育

（一）关于对"五育并举"的认知

关于"对'五育并举'认知"调查数据显示，有70.02%的调查对象表示"对'五育并举'限于基本内涵认知，包括德育、智育、体育、美育和劳动教育五个部分"，有17.38%的调查对象表示"对'五育并举'的基本内涵认知的同时，知悉其价值意蕴完善高校育人体系，进一步提升治理能力和治理体系"，有11.95%的调查对象表示"对'五育并举'基本内涵、价值意蕴认知的同时，知悉'五育并举'育人体系的实践路径和方式"，另外，还有0.65%的调查对象表示"对'五育并举'的基本内涵、价值意蕴和实践路径完全不了解"。

（二）关于"五育并举"融入大学生思想政治教育的现状

关于"'五育并举'融入大学生思想政治教育现状"调查数据显示，有47.89%的调查对象认为"'五育并举'除了通过第一、第二课堂，还通过日常教育管理融入大学生思想政治教育"，有36.49%的调查对象认为"'五育并举'主要通过第一、第二课堂结合的方式融入大学生思想政治教育"，有12.33%的调查对象认为"'五育并举'主要通过第二课堂融入大学生思想政治教育"，另外还有3.29%的调查对象表示"不知道如何将'五育并举'融入大学生思想政治教育"。

四、关于"五育并举"融入辅导员工作

（一）辅导员工作中运用"五育并举"的内容

关于"辅导员工作中运用'五育并举'的内容"调查数据显示，有42.99%的调查对象表示"主要根据学校或者学工、团委、院系布置的'五育并举'的安排开展相关工作"，有35.79%的调查对象表示"智育主要是第一课堂，工作中主要以开展德育、体育、美育和劳动教育为主"，有18.46%

的调查对象表示"工作中尽量将德育、智育、体育、美育和劳动教育全面结合"，有 2.76% 的调查对象表示"未考虑在工作中融入'五育并举'"。

（二）辅导员工作中运用"五育并举"的方式

关于"辅导员工作中运用'五育并举'的方式"调查数据显示，有 77.34% 的调查对象表示"以第二课堂活动为主，同时通过主题班（团）会、主题党（团）日、志愿服务等方式将'五育并举'运用其中"，有 21.25% 的调查对象表示"主要通过主题班（团）会、主题党（团）日、志愿服务等方式将'五育并举'运用其中"，另外有 1.41% 的调查对象表示"未找到合适的方式将'五育并举'融入具体工作"。

五、关于"五育并举"融入辅导员队伍建设

（一）"五育并举"对于辅导员队伍建设的作用

关于"'五育并举'对于辅导员队伍建设的作用"调查数据显示，有 63.79% 的调查对象认为"'五育并举'主要运用于辅导员工作中，以加强对大学生的思想政治教育"，有 23.15% 的调查对象认为"'五育并举'除了运用于辅导员工作，对辅导员队伍建设本身也有积极作用"，有 13.06% 的调查对象认为"未考虑'五育并举'对辅导员队伍建设的作用。"

（二）支持"五育并举"型辅导员队伍建设的外部环境现状

"五育并举"型辅导员队伍建设的动力既来源于主体的内在认识，也来源于外在环境的推动，辅导员队伍能否发挥主观能动性，外部政策的供给和利用、氛围的营造和学校、家庭、社会的支持等等这些因素都是促进"五育并举"融入辅导员队伍建设的重要外在前提和保障条件。

1. 辅导员对队伍建设政策文件比较关注，但对于"五育并举"融入辅导员队伍建设方面的政策了解相对要弱一些。

辅导员关注和了解国家出台的关于高校辅导员队伍建设的文件和政策有利于辅导员把握职业发展趋势，明确自身发展方向。调查数据显示，辅导员自身队伍建设的一些政策文件还是比较关注的，有 45.73% 的调查对象表示"非常关注"，39.92% 的调查对象表示"比较关注"，13.45% 的调查表示"关注"，只有 0.9% 的调查对象表示"不关注"。

相对于对辅导员队伍建设方面政策文件的宏观关注，对"五育并举"融入辅导员队伍建设方面的政策的了解程度要低很多，其中，只有5.76%的调查对象表示"非常了解"，有13.89%的调查对象表示"比较了解"，有22.45%的调查对象表示"了解"，有46.98%的调查对象表示"不了解"，另有10.92%的调查对象表示"没有关注"。

2. 大多数高校对辅导员队伍建设比较重视，但是将"五育并举"融入辅导员队伍建设的政策文件有待健全完善。

2004年以来，随着《中共中央、国务院关于进一步加强和改进大学生思想政治教育的意见》（中发〔2004〕16号）《教育部关于加强高等学校辅导员班主任队伍建设的意见》（教社政〔2005〕2号）等制度文件的颁布，尤其是《普通高等学校辅导员队伍建设规定》（教育部令第24号）和教育部令第43号的颁布，全国各地高校高度重视辅导员队伍建设工作，很多高校结合实际制定了辅导员队伍建设实施细则等政策文件，为辅导员队伍建设发展提供了强有力的政策支持和保障。但是也有一些高校对辅导员队伍建设的重视程度不够，队伍建设意识不强，创设的条件不充分，队伍建设工作发展缓慢，辅导员队伍建设水平的不平衡性特征凸显。调查显示，有59.37%的调查对象表示"所在高校有单独出台过促进辅导员队伍建设的相关政策和文件"，有27.43%的调查对象表示"所在高校没有单独出台过促进辅导员队伍建设的相关政策和文件"，还有13.2%的调查对象表示"不清楚所在高校有没有出台过促进辅导员队伍建设的相关政策和文件"。总体来看，大多数的高校还是比较重视辅导员队伍建设相关的制度建设的，在中央宏观政策出台的基础上根据自身情况制定了相应的政策文件。

大多数高校对"五育并举"型辅导员队伍建设的认识也比较正面，有18.09%的调查对象表示"所在高校非常重视"，35.72%的调查对象表示"所在高校比较重视"，38.36%的调查高校表示"所在高校重视程度一般"，根据调查数据显示，也有部分高校忽视了"五育并举"型辅导员队伍建设的重要性，其中，有6.92%的调查对象表示"所在高校不重视"，有0.91%的调查对象表示"所在高校非常不重视"。这也反映出高校对于"五育并举"型辅导员队伍建设的认识程度差异性比较明显，相对于通过常规化路径加强辅导员队伍建设，很多高校还没有将通过"五育并举"促进辅导员队伍素质提升作为一个建设维度来着力加强。

同时，调查对象表示"所在高校有单独出台过政策文件将'五育并举'与辅导员队伍建设相结合的"仅占3.52%，74.15%的调查对象表示"所在高校没有单独出台过类似政策文件，但在其他辅导员队伍建设的政策文件中有所涉及"，18.28%的调查对象表示"所在高校没有出台过专门或者涉及相关内容的政策文件"，4.05%的调查对象表示"不清楚所在高校是否出台过专门或者涉及相关内容的政策文件"。

从以上调查数据可以看出，有些高校已经开始重视"五育并举"融入辅导员队伍建设，制定了相关的政策文件，采取了积极的行动和举措，为今后"五育并举"型辅导员队伍建设工作奠定了良好的基础和条件。但是，任何新生事物的发展和普及都需要经历一个过程，要在高校中大范围地普及，还需要付出更多努力。

3. 高校为辅导员队伍建设提供了有利条件，但是在"五育并举"融入辅导员队伍建设的方向引导、资源共享和文化氛围营造等方面的工作还并不充分。

关于"所在高校是否将'五育并举'融入辅导员队伍建设进行合理引导和有效规划"调查显示，有14.75%的调查对象表示"所在高校有开展'五育并举'融入辅导员队伍建设的合理引导和有效规划"，35.52%的辅导员表示"所在高校所作的关于辅导员队伍建设的引导和规划中，有关于'五育并举'的相关内容"，20.34%的调查对象表示"所在高校没有开展'五育并举'融入辅导员队伍建设的合理引导和有效规划，也没有在辅导员队伍建设的引导和规划中，涉及'五育并举'的相关内容"，29.39%的调查对象表示"不清楚所在高校是否将'五育并举'融入辅导员队伍建设进行合理引导和有效规划"。高校将'五育并举'融入辅导员队伍建设进行合理引导和有效规划，既有利于队伍建设工作的有序开展，避免辅导员对将"五育并举"融入具体工作的盲目性和无序性，有利于高校对辅导员队伍建设成效和发展道路的总体把握。但是，目前很多高校尚未意识到或尚未开展相关工作。

关于"所在高校是否有激励辅导员将'五育并举'融入日常工作和自身素质能力提升的相关政策"调查显示，有3.34%的调查对象表示"所在高校有专门的相关激励政策"，有41.03%的调查对象表示"所在高校没有专门的相关激励政策，但是有将'五育并举'融入日常学生教育管理服务作为辅导员考核、职称职务晋升重要参考依据的政策文件"，还有另外55.63%的调查对象表示"不清楚所在高校是否有相关激励政策"。调查结果表明，目前为激励辅导员将"五育并举"融入日常工作和自身素质能力提升而专门制定激励政策的高校并不多，但是也有不少高校开始将"五育并举"的运用纳入到辅导员考核等政策文件中，相应的激励政策会在一定程度上激励辅导员更加关注"五育并举"并且更好更广泛地运用到日常工作和自身素质能力提升中。

关于"所在高校辅导员队伍是否形成将'五育并举'融入日常工作和自身素质能力提升的浓厚氛围"调查显示，有3.28%的调查对象表示"所在高校辅导员队伍有形成将'五育并举'融入日常工作和自身素质能力提升的浓厚氛围"，有23.67%的调查对象表示"所在高校有部分辅导员将'五育并举'融入日常工作和自身素质能力提升，但尚未形成整体浓厚氛围"，有37.54%的调查对象表示"所在高校辅导员队伍未将'五育并举'融入日常工作和自身素质能力提升，离形成浓厚氛围还有较大差距"，有35.51%的调查对象表示"不清楚所在高校辅导员队伍是否形成将'五育并举'融入日常工作和自身素质能力提升的浓厚氛围"。

关于"所在高校辅导员'五育并举'相关资源共享"调查显示，有8.23%的调查对象表示"所在高校辅导员有共享'五育并举'相关资源"，有32.76%的调查对象表示"所在高校辅导员未共享'五育并举'相关资源"，有59.01%的调查对象表示"不清楚是否有共享相关资源"。调查结果表明，目前大多数高校的辅导员群体之间还没有形成比较浓厚的资源共享氛围，无论是高校在政策引导和总体规划，还是辅导员自身积极共享方面，都需要进一步加强和改进。

4. 顶层设计和制度机制缺失是高校在"五育并举"型辅导员队伍建设方面存在的最大问题。

调查结果显示，辅导员认为"缺乏顶层设计""缺乏激励制度""领导不重视"是所在高校在"五育并举"型辅导员队伍建设方面存在的三个最重要的影响因素，分别占34.35%、24.48%和19.86%。此外，"缺乏考核制度"占10.54%，"辅导员不配合"占7.82%，"其他因素"占2.95%。由此可见，制度缺失是影响高校在"五育并举"型辅导员队伍建设的重大问题，这与"五育并举"融入辅导员队伍建设理念提出较晚、重视程度和工作普及程度不够有密切关系，而这也正是本研究的意义所在。

5. 社会在"五育并举"融入辅导员队伍建设中的作用发挥尚待加强。

关于"社会在'五育并举'融入辅导员队伍建设中的作用发挥"调查来看，有17.42%的调查对象认为"作用非常大"，38.75%的调查对象认为"作用一般"，25.76%的调查对象认为"未起作用"，还有18.07%的调查对象表示"不清楚"。除了教育主管部门、专业协会、高校、辅导员自身，社会对"五育并举"融入辅导员队伍建设也有着重要作用，其作用发挥的形式、途径也呈现出多样性。在本调查中由于篇幅有限并未能够对其作用发挥情况进行细致深入地调查，但是仅从调查对象所反馈的数据而言，社会在将"五育并举"融入辅导员队伍建设中作用的发挥尚待加强。

第二节 "五育并举"型高校辅导员队伍建设存在的主要问题

通过实证调查来看，当前高校辅导员队伍总体上是一支学历层次较高、学科背景多元、整体年龄较轻、普遍具有较高的职业认同感和职业情感，拥有较强的职业信念，愿意从事并坚守辅导员岗位的队伍。正因如此，对于将"五育并举"融入辅导员队伍建设这一创新路径，大多数辅导员关注度较高，具有较强烈的参与意愿、较积极的创新态度和较明确的建设需求。同时，在高校的高度重视、组织协调下，助力推动"五育并举"融入辅导员队伍建设的政策文件陆续出台，加之专业协会的积极推动、辅导员团队互助发展等各方面力量的共同努力下，都为"五育并举"融入辅导员队伍建设提供了良好的外部条件。可以说，高校学习型辅导员队伍建设构建模型中的核心层、中间层和外围层构建已经初具基础和条件，但是距离将"五育并举"与辅导员队伍建设深度融合发展真正形成还有较大差距。

（一）辅导员对"五育并举"的认知还不够充分

从对"五育并举"的认知来看，普遍认知停留在基本内涵层面，局限于对德育、智育、体育、美育和劳动教育的概念认知，未将其上升到宏观层面，从治理能力和治理体系来看待"五育并举"对高校育人的作用，并未从育人体系的建构，也未从深层次对"五育并举"育人体系的实践路径和方式进行深入思考和探寻。恩格斯认为，人的行动的一切动力，都是一定要通过他的头脑，一定要转变为他的意志的动机，才能使他行动起来。从辅导员角度而言，在新时代教育改革的大背景下，必须树立科学的成才观念，不仅要坚持以德为先、面向人人、因材施教，以创新德智体美劳过程性评价办法实现对学生综合素质评价体系的改革，实现学生全面发展，更是要把自身摆进去，将其作为辅导员自身发展和辅导员队伍建设的目标要求，坚持能力为重、知行合一，实现辅导员队伍整体的全面发展。

从对"五育并举"融入大学生思想政治教育的现状来看，辅导员对主动运用"五育并举"推进大学生思想政治教育变得越来越关注，大多数调查对象认为除了通过第一、第二课堂把"五育并举"融入大学生思想政治教育这样由学校统筹安排的规定动作，还进一步发挥了主观能动性，认为可以将"五育并举"与日常的教育管理相结合，将其融入大学生思想政治教育。能够意识到问题，并能够通过行动去改善问题，体现了问题的两个层面。根据调查显示，阻碍辅导员投入更多精力去学习认知"五育并举"并将其投入工作的根本因素就是"日常工作过于忙碌，没有时间精力去思考实施"，越来越多的辅导员意识到了这个问题根本的所在，也开始主动思考"五育并举"与自身日常工作的关联性，思考"五育并举"对于大学生思想政治教育的作用，并开始将其与日常教育管理工作结合起来，更好地开展大学生思想政治教育工作。

（二）"五育并举"融入辅导员工作还不够充分

从工作中对"五育并举"的运用情况来看却并不太理想，虽然根据调查显示，绝大多数调查对象意识到"五育并举"融入日常教育管理工作与更好开展大学生思想政治教育之间的关系，但是运用到具体工作中，却缺少了具体实施层面的主动性，陷入了"等、靠、要"的桎梏，认为主要根据学校或者学工、团委、院系布置的"五育并举"的安排开展相关工作，把外界因素的影响视为的最主要、最关键的因素，并以外因决定具体行动。还有的调查对象甚至把"五育"割裂开来，仍然停留在"智育"就是第一课堂的范畴，与辅导员工作无关，认为工作中主要以德育、体育、美育和劳动教育为主，这也反映出这部分调查对象对"五育并举"的基本概念、发展由来、政策文件并不熟悉，认知并不充分，没有意识"五育并举"融入辅导员工作是新时代教育改革的大势所趋，是新时代高校育人体系构建发展的必由之路。

正因为辅导员对"五育并举"运用到工作实践时主动性的缺乏，也决定了工作中运用"五育并举"的方式的"被动性"，绝大多数调查对象表示，主要以第二课堂活动为主，同时通过主题班（团）会、主题党（团）日、志愿服务等方式将"五育并举"运用到工作中。第二课堂主要根据学校或者学工、团委、院系布置的"五育并举"的安排开展相关工作。辅导员对"五育并举"重要性的认识，与具体工作中思考运用的被动性，形成了强烈的矛盾反差。

根据调查结果显示，虽然大多数调查对象意识到了"五育并举"的重要性，但是仅仅将其停留在将其作为"对外输出"的路径层面，认为主要运用于辅导员工作中，以加强对大学生的思想政治教育，少部分的调查对象认识到了"五育并举"除了"对外"，还可以"对内"，认为"五育并举"除了运用于辅导员工作，对辅导员队伍建设本身也有积极作用。

（三）支持"五育并举"融入辅导员队伍建设的外部环境还有待改善

"五育并举"型辅导员队伍建设的动力既来源于主体的内在认识，也来源于外在环境的推动，辅导员队伍能否发挥主观能动性，外部政策的供给和利用、氛围的营造和学校、家庭、社会的支持等等这些因素都是促进"五育并举"融入辅导员队伍建设的重要外在前提和保障条件。

辅导员关注和了解国家出台的关于高校辅导员队伍建设的文件和政策有利于辅导员把握职业发展趋势，明确自身发展方向。根据调查显示，辅导员对队伍建设政策文件比较关注，但对于"五育并举"融入辅导员队伍建设方面的政策了解相对要弱一些。相对于对辅导员队伍建设方面政策文件的宏观关注，对"五育并举"融入辅导员队伍建设方面的政策的了解程度要低很多。

大多数高校对辅导员队伍建设比较重视，但是将"五育并举"融入辅导员队伍建设的政策文件有待健全完善。大多数高校高度重视辅导员队伍建设工作，很多高校结合实际制定了辅导员队伍建设实施细则等政策文件，为辅导员队伍建设发展提供了强有力的政策支持和保障。但是也有一些高校对辅导员队伍建设的重视程度不够，队伍建设意识不强，创设的条件不充分，队伍建设工作发展缓慢，辅导员队伍建设水平的不平衡性特征凸显。这也反映出高校对于"五育并举"型辅导员队伍建设的认识程度差异性比较明显，相对于通过常规化路径加强辅导员队伍建设，很多高校还没有将通过"五育并举"促进辅导员队伍素质提升作为一个建设维度来着力加强。

高校为辅导员队伍建设提供了有利条件，但是在"五育并举"融入辅导员队伍建设的方向引导、资源共享和文化氛围营造等方面的工作还并不充分。高校将'五育并举'融入辅导员队伍建设进行合理引导和有效规划，既有利于队伍建设工作的有序开展，避免辅导员对将"五育并举"融入具体工作的盲目性和无序性，有利于高校对辅导员队伍建设成效和发展道路的总体把握。但是，目前很多高校尚未意识到或尚未开展相关工作。

调查结果表明，目前为激励辅导员将"五育并举"融入日常工作和自身素质能力提升而专门制定激励政策的高校并不多，但是也有不少高校开始将"五育并举"的运用纳入到辅导员考核等政策文件中，相应的激励政策会在一定程度上激励辅导员更加关注"五育并举"并且更好更广泛地运用到日常工作和自身素质能力提升中。目前大多数高校辅导员队伍并未形成将"五育并举"融入日常工作和自身素质能力提升的浓厚氛围，辅导员群体之间还没有形成比较浓厚的资源共享氛围，无论是高校在政策引导和总体规划，还是辅导员自身积极共享方面，都需要进一步加强和改进。

第三节　"五育并举"型辅导员队伍建设存在问题的成因分析

一、高校辅导员队伍自我革新不够

事物的发展是内外因共同起作用的结果，要将"五育并举"融入高校辅导员队伍建设工作，其同时受到外部因素和内部因素的影响，辅导员队伍自身深化运用"五育并举"的改革动力是内因，支撑"五育并举"融入辅导员队伍建设的外部环境的营造是外因。从这个角度来讲，如果整个辅导员队伍自身没有强烈改革动力来推动辅导员充分认识"五育并举"的重要作用，并将其运用于辅导员工作和自身成长发展，即使外界提供了非常优越的条件，"五育并举"型辅导员队伍也不可能建成。因此，每个辅导员能否符合"五育并举"型辅导员队伍的发展要求，直接关系到整个"五育并举"型辅导员队伍的建设速度、进度和前行发展的广度、深度。目前，高校辅导员的状况相对于"五育并举"型辅导员的标准还有一段距离，自我革新动力普遍不足，影响到了辅导员行动的落实、习惯的养成和氛围的形成，阻碍了"五育并举"型辅导员的培养和"五育并举"型辅导员队伍的建成。究其根本原因，在辅导员队伍建设中依旧还有一些长期存在的痼疾和症结，直接影响了辅导员的自我革新的状态，造成了整支队伍动力不足，是当前开展"五育并举"型辅导员队伍建设中不可回避的事实。

（一）辅导员队伍素质结构问题造成队伍改革的"先天不足"

虽然有严格的职业准入制度，但是对于学科门类并没有严格的限制，所以目前高校辅导员队伍中完全是思想政治教育专业教育背景的辅导员所占比例不高，大多数辅导员来自不同的学科门类，专业结构复杂，多学科门类的队伍虽然有利于辅导员队伍的多元化发展，但是也决定了辅导员队伍整体缺乏思想政治教育专业知识，决定了对于大学生思想政治教育的思想认识不足，学习基础薄弱，学习水平有限，直接影响了对"五育并举"这样的新的方式方法的接受和运用程度。同时，辅导员队伍的流动性较大，一方面队伍呈现年轻化的特征，大多数年轻辅导员由于缺乏相应的工作经验和工作能力，基本处于"忙于应付、适应工作"的状态，另一方面专家型辅导员和队伍领军人物尚未培育成一定规模，"传、帮、带"的引领作用尚未完全发挥，辅导员队伍的互助推动力不足。加之缺乏科学的考核和退出机制，辅导员队伍中存在着一些不适合从事辅导员工作却仍然在岗的人员，这部分人员缺乏自身改革意识，更缺乏改革的动力和主动性，严重影响了整支队伍的状态。对于"五育并举"型辅导员队伍建设而言，当前辅导员队伍素质结构是一个重要的影响因素。

（二）辅导员队伍工作职责不清问题造成队伍改革的"后劲不够"

我们经常听说"有问题找辅导员"，对于辅导员的工作内容与范围，除了课堂教学外，与学生相关的所有一切，不论是教学的选课、上课、查课，是科研的论文、项目、比赛，还是入党入团、求职升学、志愿服务，几乎都与辅导员相关，这是大多数辅导员工作状态的真实写照，只要是与学生有关的事情辅导员都要抓、要管、要协调。学校、社会乐于用"良师益友"一词定义辅导员，然而"当一名辅导员同时负责两百名学生的时候，他如何保持工作的热情和耐心，去做学生的良师益友？"当陷入机械繁复的事务性工作中，如何才能把教育管理服务工作更加精益求精地？这是当前大多数辅导员的困惑。加之随着高校的扩招，大部分高校在保证总体师生比不低于1：200的前提下，辅导员的平均带生数越来越多，这也使得辅导员的工作任务更为艰巨，工作压力更加严重，不仅会影响学生工作的质量，也使得辅导员没有时间和精力来提升自己的业务素质和专业水平，无法潜心对学生思想政治教育和管理工作进行深层次的分析和思考，不利于"五育并举"型辅导员队伍建设的顺利开展。

（三）辅导员岗位人员流动性大问题造成队伍改革的"动力缺乏"

为了进一步加强高校教师队伍建设，每年大多数高校都会开展辅导员招聘，选培一批又一批新鲜血液补充到辅导员队伍中，辅导员队伍俨然已经成为一个规模庞大且始终呈现年轻化的群体，但是相较于专任教师队伍，辅导员队伍的梯队化培育存在明显不足，队伍的稳定性存在明显不足，这也决定了长期以来辅导员队伍流动性一直非常大，真正愿意和能够将辅导员工作作为一项事业去追求和坚持的人不多，很多辅导员都把辅导员工作作为一种过渡性的工作，当具备一定条件或者遇到更多机遇的时候，就会作出其他选择，使得辅导员队伍成为了"铁打的营盘流水的兵"。此外，还有部分辅导员在选择从事高校学生工作时充满热情，对辅导员工作也有着较高的职业认同，但经过一段时间的工作，面对工作对象的数量增加、工作任务的频繁增加，加之工作时间不确定、工作地点不稳定、工作待遇不优厚、工作地位不够高、工作前景不明朗，且每天还要面对一系列繁琐的事务性工作，许多人往往也会在做了一段时间辅导员后就选择调离岗位，包括转向教学或其他管理岗位、深造考博、辞职转行等，不认同、不喜欢就另谋出路，这是显性的职业认同感低的表现。还有一种是比较隐性的原因，有些辅导员因为种种因素暂时还不能离开辅导员工作岗位，但职业倦怠感非常强烈，往往抱持着"做一天和尚撞一天钟"的心态，人未离岗但心离岗，人已出工但不出力，工作效果可想而知……试想一名辅导员，如果认为自己不会长期从事一项职业或者自己根本无法在从业过程中获取尊重、发展和快乐，那么他思考最多的问题就是如何尽快离开另谋出路或是暂且敷衍了事随后伺机而动，而绝对不会愿意花过多的时间和精力去钻研这门职业的技能和艺术，更谈不上让其成为这个职业中的"五育并举"型角色。

二、高校"五育并举"型辅导员队伍建设的领导力不够

对于高校"五育并举"型辅导员队伍建设而言,建设工作虽然内在因素是主要的,但是外部推动也是必不可少的。过去的建设历史告诉我们,完全单纯依靠辅导员的自发建设显然不现实,队伍建设需要有组织去领导、有理论去引领,但是这两点在目前的高校"五育并举"型辅导员队伍建设中都是不充分的。

(一)高校"五育并举"型辅导员队伍建设重视程度不够

高校"五育并举"型辅导员队伍建设是一项系统工程,既需要中央政府"从上到下"的统筹部署,也需要地方教育主管部门和高校"从下到上"的推进落实,而这些都离不开各方对这项工作的充分重视,只有重视了,工作才能有创新、有进步、有发展。

从"从上而下"的角度来看,经过半个多世纪的建设和发展,我国高校辅导员队伍逐步壮大,为培养社会主义事业合格建设者和可靠接班人作出了极为重要的贡献。党中央多次强调"把思想教育工作放在首位",把辅导员队伍作为加强和改进大学生思想政治教育的组织保证。自中央16号文件颁布以来,教育部出台了一系列的政策文件加快推进辅导员队伍建设的步伐,从思想认识、体制机制等方面进一步完善了辅导员队伍的选聘机制、管理机制、培养机制和发展机制,确保辅导员队伍建设工作的顺利开展,也为高校"五育并举"型辅导员队伍建设奠定了坚实的政策依据,这充分彰显了中央对该项工作的重视程度。但是,由于制度发展的客观规律,现存制度存在制度内容不健全、制度发展不均衡、制度衔接不顺畅等问题,而这些制度问题也是高校辅导员队伍建设工作中的一些老问题长期得不到有效解决的症结所在,例如:辅导员职责不清、地位不高、流动性大等问题从发现至今已有不短的时间,以中央16号文件颁布为起点至今也有十余年了,然而这些问题却始终存在且阻碍着整个辅导员队伍的发展,针对这些问题有解决作用的政策供给明显不足,未能尽快提供政策引导对症下药、有效解决,为辅导员队伍建设提供更为有利的宏观政策环境。这些问题对高校"五育并举"型辅导员队伍建设的推进都有直接的影响。对高校"五育并举"型辅导员队伍建设而言,目前尚未把高校"五育并举"型辅导员队伍作为建设方向明确提出来,也没有制定单独政策制度或针对这项工作设立专门机构开展管理活动,在引导规

范方面的重视程度亟待提高。

从"从下而上"的角度来看，对现有政策的有效执行最终的落脚点还是在基层，依靠的是各级地方教育主管部门和高校的高度重视和落实到位。目前，大多数地方教育主管部门和高校积极响应中央的政策文件，结合所在省份和高校的实际情况制定了一系列加强高校辅导员队伍建设的实施型制度文件，但是由于队伍建设的一些细分领域，现有的国家政策限定性条款并不明确，也使得地方和高校无法进行细化，造成基层制度与中央政策制度存在同质性问题。更为严重的是出现了"上热下冷"现象，由于对中央政策理解不透、执行不力，未将辅导员队伍的建设发展放在学校事业发展的总盘子中去统一规划，未能提供队伍改革的充分条件，有的甚至成为限制辅导员队伍发展的桎梏；有的高校仅仅将教学和科研队伍建设作为学校教师队伍建设的中心，并没有像重视业务学术骨干一样重视辅导员队伍建设工作，相较于教学科研队伍改革发展，对辅导员队伍的改革发展问题往往选择缓一缓、放一放，在人力、财力、物力上的投入明显不足；有的高校虽然制定了宏观的制度，但是相关配套措施却没有跟上，导致制度执行起来有困难，难以落实到位，或者虽然有制度规定，但现实中并没有遵循。地方教育主管部门和高校对"五育并举"型辅导员队伍建设重视程度不够，就会造成了制度的缺失、管理的缺位，最终影响到"五育并举"型辅导员队伍建设的有效开展。

（二）高校"五育并举"型辅导员队伍建设理论研究相对滞后

恩格斯曾经说过："一个民族要想站在科学的最高峰，就一刻也不能没有理论思维。"同样关注理论的马克思也曾经说过："理论只要说服人，就能掌握群众；而理论只要彻底，就能说服人"，理论是实践的先导，没有理论指导的实践是盲目的。高校"五育并举"型辅导员队伍建设也必须以科学系统的理论指导为前提，系统的科学理论支撑是队伍建设的坚实基础和强劲动力。近年来，理论界围绕辅导员队伍建设问题展开系列研究并形成了丰富的理论成果，在辅导员队伍本质研究、发展培养研究、体制机制研究方面有所成就，为高校"五育并举"型辅导员队伍建设奠定了良好的基础。但是由于高校"五育并举"型辅导员建设是一个新的建设方向和模式，从理念的提出到实践探索时间还不长，无论是理论研究还是实践工作总体上处于一个初步探索的阶段，尤其是理论研究的数量和质量相对于高校"五育并举"型辅导员队伍建设实践需要来讲相对滞后。正是因为缺乏有效的理论研究，导致了建设工作在很多问题上无法有效推进，主要集中体现在：一是就高校"五育并举"型辅导员队伍建设的管理主体而言，政府、教育主管部门和高校由于思想意识、管理水平、研究能力等问题，尚没有重视这方面的研究工作或是不具备这方面的研究能力，要管理主体在短时间内，基于现有辅导员队伍的建设管理工作，研究形成高校"五育并举"型辅导员队伍建设理论有一定难度；二是就当前高校"五育并举"型辅导员队伍建设的理论研究者而言，研究者的身份大多属于研究生或高校学生工作者，尚无在这个问题上有比较深刻的见解和完整考虑的资深专家。由于研究水平和视野的局限性，现有的理论成果还属于比较经验型的、分散的和具体的内容，对建设问题的研究还没有形成相对具有科学性、整体性、系统性的理论成果。高校"五育并举"型辅导员队伍建设是一个系统的工程，其理论也应该是一个系统理论，应该紧紧围绕高校学习型辅导员队伍建设"是什么""为什么""怎么样"和"怎么建"这一系列根本问题建立"五育并举"型辅导员队伍建设的系统理论，廓清研究对象和基本理论，构建理论体系和方法论体系，实现研究由分散到集中，从经验到科学，由具体点位到整体系统的跃升和发展，进一步深化和丰富辅导员队伍建设规律和辅导员成长规律，探索出一条适合我国国情和职业实际的高校"五育并举"型辅导员队伍职业化发展道路。

三、高校"五育并举"型辅导员队伍建设的聚合力不全

"历史的最终进程是沿着合力的方向运行的，是各种力量相互冲突、相互协调，进而共同作用融合成整体合力的结果。而在各种力量共同作用的过程中形成一个整体，任何个体力量都不可能游离于整体之外，但个体力量在总合力中也不是消极被动的，它们的大小及其活动方向又都影响着总合力的运动和发展。而"人们总是在十分确定的前提和条件下创造着历史，作为历史主体的人们在创造历史的过程中要遵循客观实际，一切从实际出发，不能超越现实"。因此，高校"五育并举"型辅导员队伍建设并非单纯辅导员自身努力或是外部推动，而是内部力量和外部环境共同作用的互动过程。

相对于高校"五育并举"型辅导员队伍建设构建模型所指向的三个层面建设工作而言，无论是单个层次内部还是层次之间的构建完善程度是不充分的，甚至某些层次的现状离建设目标还存在着比较大的距离。在这样的情况之下，各层次之间、各层次内部要素之间互为支撑、互为前提作用的发挥也

不可能是充分的，也就是说他们的合力尚未形成。具体而言，"五育并举"型辅导员队伍建设既离不开"五育并举"型辅导员的养成，也离不开辅导员"五育并举"共同体的建立，更离不开以制度体制机制、改革氛围、资源供给所组成的外部条件的保障。对于"五育并举"型辅导员的养成而言，仅仅出于对辅导员职业的热爱和热情是不够的，还需要时间的充分投入、行为的科学有效，归根到底关键还是要看是否有参与实施"五育并举"的条件，那就是外部保障问题了。合力问题在于，不仅单个层次内部要形成有效的合力，层次之间也必须要形成合力。很明显，目前这种合力尚未形成，但是这又是高校"五育并举"型辅导员队伍建设必然要完成的任务。当然，这种合力的形成是一个复杂的系统过程，不可能一蹴而就，必然经历一个长期的、渐进的过程。

第六章 "五育并举"型高校辅导员队伍建设的基本思路与实践路径

构建"五育并举"的育人格局是党和国家根据中国特色社会主义进入新时代的新需要对学校培养社会主义建设者和接班人提出的新要求,辅导员队伍作为高校开展思想政治教育工作的重要指导者和引路人,更应该不断改革和完善自身的体制机制,积极探索推进"五育并举"工作的基本思路和实践路径,努力实现为中国特色社会主义事业培养德智体美劳全面发展的时代新人的教育目标。

第一节 "五育并举"型高校辅导员队伍建设的目标体系

在"五育并举"视域下推进高校辅导员队伍建设,首先要有明确的目标体系。当前,我国高校辅导员队伍在推进"五育并举"工作中,还存在学习力不足、引领力不够、聚合力不全等问题,亟待通过强化高校辅导员队伍建设的学习理念、健全高校辅导员队伍建设的体制机制、实现高校辅导员队伍建设的卓越发展等方式来促使高校辅导员队伍更好地实施"五育并举"工作。

一、强化高校辅导员队伍建设的学习理念

新时代要在高校辅导员队伍中推进"五育并举"工作,可以通过解读"五育并举"的重要意义、建立"五育并举"的资料宝库以及拓展"五育并举"的宣传平台等方式来激发高校辅导员队伍学习的自主性、科学性、全面性,不断强化高校辅导员队伍的学习理念。

(一)深入解读"五育并举"的重要意义,激发高校辅导员队伍学习的自主性

1. 德智体美劳全面发展是党和国家对新时代人才的基本要求

习近平总书记指出,当今世界的综合国力竞争,说到底是人才竞争,人才越来越成为推动经济社会发展的战略性资源,教育的基础性、先导性、全局性地位和作用更加凸显。高校作为培养我国人才的主阵地之一,必须首先明确党和国家对新时代人才的基本要求。随着中国特色社会主义进入新时代,我国的国际地位、经济实力、科技实力、文化实力等进入了一个更高层次的发展阶段,我国在前进道路上面临的挑战将变得更加艰巨和复杂,只有德智体美劳全面发展的高素质人才,才能更好地应对未来发展道路上的各种挑战。因此,只有在高校中深入推进"五育并举"工作,不断促进大学生德智体美劳全面发展,才能更好地解决过去高校毕业生中出现的"高分低能"问题,使大学生群体的素养得到全面提升,以便于更好地适应和满足新时代背景下我国对人才的要求和需要。

2. 实施"五育并举"是新时代高校培养时代新人的必要途径

习近平总书记强调,培养什么人,是教育的首要问题。新时代高校的教育目标就是要培养担当民族复兴大任的时代新人。青年兴则国家兴,青年强则国家强,要实现中华民族伟大复兴,希望寄托在广大新时代青年身上。大学生作为青年的重要组成部分之一,更应努力成为有理想、有本领、有担当的时代新人,把自己的青春和祖国与人民的需要联系起来,自觉投身到社会主义现代化建设中去。因此,高校要深入推进"五育并举"工作,增强大学生的马克思主义信仰,坚定大学生的理想信念,提高大学生的理论水平,促进大学生身心健康,健全大学生的人格品质,坚持以美育人、以美化人、以美培元,不断提高学生审美和人文素养,继续加强劳动教育基地建设,为大学生成为时代新人提供相应的制度上和实践上的保障。

3. 推进"五育并举"是新时代高校辅导员的重要工作职责

在教育部 2017 年印发的《普通高等学校辅导员队伍建设规定》里的第二章指出，高校辅导员要不断提高学生的思想水平、政治觉悟、道德品质、文化素养，这一要求明确表明，"五育并举"工作已经成为新时代高校辅导员的重要工作职责之一。随着国际国内环境的快速变化，我国的高校辅导员队伍建设也在持续不断地推进。在高校里，辅导员作为与大学生的生活、学习、工作都紧密相连的教师群体，是大学生群体在生活、学习、工作上的重要指导者和引路人。因此，辅导员不应只关注大学生的学习成绩，更应该关注他们的德行、身体、爱好、就业等各方面的情况，积极为每一个大学生的良性发展提供资源保障，始终用马克思主义理论武装大学生的思想，督促大学生认真学习和进行日常体育锻炼，鼓励大学生培养和发挥自己的兴趣和特长，不断拓宽大学生参加社会实践的途径和渠道，真正做到使每一个大学生在德智体美劳方面获得全面的发展。

（二）建立健全"五育并举"的资料宝库，增强高校辅导员队伍学习的科学性

1. 全面总结党和国家关于"五育并举"的重要指示和精神

高校辅导员队伍要全面推进"五育并举"工作，离不开党和国家的指示和指导。长期以来，党和国家在发展高等学校教育的过程中，提出了许多有关于德育、智育、体育、美育以及劳动教育的相关指示和文件，不断明确高校推进"五育并举"工作的重要性和必要性。因此，只有全面、系统地对党和国家长期以来关于"五育并举"的重要指示和精神进行梳理和总结，使高校辅导员队伍明确"五育并举"工作的指导思想，才能从根本上让高校辅导员队伍严格贯彻落实党和国家有关"五育"工作的要求，增强其学习的科学性，真正做到为中国特色社会主义事业培养人、发展人。

2. 深入研究新时代高校推进"五育并举"的有效路径

如今，在新的时代背景下开展"五育并举"工作，不仅要明确新的时代条件和时代需要，还要掌握新时代大学生的成长规律和心理特点，用适合新一代大学生的方式方法去开展"五育并举"工作，才能使"五育并举"工作产生事半功倍的良好效果。而在我国高等教育的发展过程中，"五育"工作在不同时期都有各自的侧重点，从而导致我国对推进"五育并举"工作的现有经验还远远不够，因此，必须要深入研究新时代高校推进"五育并举"的路径，使得各高校辅导员在工作中能及时对这些路径进行试点、实验，察看这些路径是否能够产生让学生在德智体美劳方面获得发展的实际效果。

3. 及时宣传各高校开展"五育并举"工作的实践成果

要健全"五育并举"的资料宝库，不仅需要党和国家的指导以及对高校开展"五育并举"工作的有效路径的探索，更需要各高校及时分享和宣传自己开展"五育并举"的实践成果，使其他高校能够得到借鉴和启示。当前，全国各高校对于"五育并举"工作都处于初步探索阶段，在这个过程中，有的高校的"五育并举"工作初具成效，而有的高校在这方面还处于摸索之中，这就需要先摸索出经验的高校及时分享自己的实践成果，带动其他高校的辅导员根据具体情况有效开展"五育并举"工作。

（三）不断拓展"五育并举"的宣传平台，促进高校辅导员队伍学习的全面性

1. 建立以宣传"五育"为主的专业网站

互联网作为如今人们日常生活中不可缺少的工具，不仅为人与人之间的联系提供了方便，也为信息的快速传递提供了便利。要促进高校辅导员队伍学习的全面性，就要建立一个能够长期存在的可供辅导员们学习"五育"相关内容的中介。网站作为比较稳定的一个互联网中介，不仅能够为高校辅导员队伍学习"五育"相关内容提供各种资源的整合，使各高校辅导员在需要的时候快速、准确地找到自己所需要的理论资料，也能使各高校辅导员在这个统一的平台上面分享自己的成功经验，为其他高校在"五育并举"工作中遇到困惑的辅导员提供及时的参考和一定的启发。

2. 结合新的时代条件出版"五育"专业书籍

要促进高校辅导员队伍学习的全面性，专业书籍是一个非常重要的学习资料。新的时代背景下，国际国内形势都发生了许多显著的变化，当今世界正处于"百年未有之大变局"，我国政治、经济、文化等方面不仅面临着新的机遇，也面临着新的挑战，这些前所未有的机遇和挑战对高校大学生的德育、智育、体育、美育、劳动教育都提出了新的要求。因此，要结合新的时代条件去对新时代的"五育"工作进行研究，出版大量有关新时代下推进"五育"工作的专业书籍，为高校辅导员队伍的学习提供全面的理论体系，补齐高校辅导员对"五育"工作的认识短板，便于他们进一步推进"五育并举"工作。

3. 搭建各高校之间的"五育"经验交流平台

理论给予实践以指导，实践是检验理论正确与否的唯一标准。高校辅导员队伍要在学习上获得更加全面的"五育"知识，不仅需要学习书本上的理论知识，更应该学习实践中的经验。在以往的学习和交流中，各高校辅导员队伍之间关于"五育并举"工作经验的交流较少，为了今后在高校中更好地促进"五育并举"工作，各高校之间可以相互协作，搭建高校系统内部关于辅导员"五育"工作的经验交流平台，在共同研究、互相学习的基础上不断加深辅导员队伍对"五育并举"工作的认识，在相关理论和具体实践的指导下不断改进"五育并举"工作的措施和方法，使"五育并举"工作真正在各高校的辅导员队伍中落到实处，产生实效。

二、健全高校辅导员队伍建设的体制机制

为了更好地提升高校辅导员队伍"五育并举"工作的成效，完善相关的体制机制必不可少。如今，各高校的"五育并举"工作正处于初步摸索阶段，各高校辅导员队伍中开展"五育"工作的专业人才的数量还远远不足，各高校在辅导员队伍培训中专门涉及"五育并举"的内容较少，对于辅导员开展"五育并举"工作的考察和评价机制也未完全建立起来。因此，各高校应通过扩大招聘高校辅导员的专业、加强高校辅导员队伍的培训力度、完善相关的考评制度等方式来健全辅导员队伍开展"五育并举"工作的体制和机制。

（一）扩大招聘高校辅导员的专业要求

"五育"包括德育、智育、体育、美育和劳动教育，"五育并举"则是要同步开展德育、智育、体育、美育和劳动教育，使学生在德智体美劳方面获得全面发展。要使高校辅导员队伍的"五育并举"工作具有切实成效，首先要保证辅导员具有进行"五育"工作的专业水平。当前，我国高校中专职辅导员所学专业大都为思想政治教育专业，而思想政治教育作为专门培养我国辅导员队伍的学科，培养出来的人才具有开展思想政治工作所需的专业知识和水平，在开展德育、智育工作方面能够产生良好的效果，但在进行体育、美育和劳动教育方面的水平和能力则存在一定的欠缺。因此，各高校应扩大辅导员招聘的专业要求，在保证思想政治教育专业担任专职辅导员的基本比例下，不断吸纳体育、美术、音乐等方向的专业人才担任兼职辅导员，既扩

大了辅导员队伍的规模，又能让学生接受除德育、智育之外更加专业的体、美、劳方面的教育，不断增强高校辅导员队伍的活力和创造力。

（二）加强高校辅导员队伍的培训力度

为增强辅导员队伍对推进"五育并举"工作的认识和认同，各高校要不断加强培训力度。随着时代的发展，"高分低能"的大学生已经不能满足国家和社会对人才的要求，中国特色社会主义新时代需要的是德智体美劳全面发展的高素质人才，高校必须通过多次系统而专业的培训，让各高校的辅导员深刻了解当今世界发展、变化的新情况，了解新时代对人才的新需求，了解新时代大学生的发展需要，才能让高校的辅导员群体更加深入地理解"五育并举"工作的意义。在对高校辅导员队伍开展培训的过程中，可以邀请国内的相关专家学者对党和国家"五育并举"工作的相关政策进行专业解读，也可以邀请对"五育并举"工作拥有一定经验的辅导员来分享他们的成果。培训的方式既可以是线上的学习和考试，也可以是线下的考察和经验探讨，通过线上和线下相结合的方式，不断促进高校辅导员队伍对"五育并举"工作的深入理解。除此之外，各高校还可以不断激励和鼓励辅导员群体充分挖掘和发展自身的兴趣爱好，为他们发展兴趣爱好提供必要的资金支持和平台支撑，不断提升高校辅导员队伍开展"五育并举"工作的实际能力和专业水平。

（三）完善高校辅导员队伍的考评制度

对辅导员队伍的相关工作进行考察和评价是检验高校辅导员队伍工作成效的一个重要方式，随着"五育并举"越来越成为高校辅导员队伍的重要工作职责之一，与之相关的考评制度也应该进行相应的完善。当前，许多高校在制订辅导员队伍的考察和评价机制时，对于德育、智育方面内容涉及较多，而对于体育、美育、劳动教育方面的内容涉及较少，使得部分高校辅导员对于体育、美育、劳动教育的重视不够，这对于"五育并举"工作产生了一定的阻碍。除此之外，高校在完善辅导员队伍考评制度的过程中，不仅要将辅导员在大学生中开展"五育"工作的成效作为评价标准，辅导员自身在德智体美劳方面获得的发展也应纳入考评的范围。健全的考评制度不仅能够促进高校的"五育并举"工作，更能促使大学生和高校辅导员自身在德智体美劳方面都得到一定程度的发展，不断改变我国高校注重大学生的素质而非只注重成绩、注重大学生的身心健康而非只注重学习的局面，使高校辅导员队伍建设更加完善，不断为大学生的全面发展贡献力量。

三、实现高校辅导员队伍建设的卓越发展

为了更好地推进新形势下高校的思想政治教育工作，2017年2月，中共中央、国务院印发的《关于加强和改进新形势下高校思想政治工作的意见》指出，高校思想政治教育工作要坚持全员全过程全方位育人。同年12月，在中共教育部党组印发的《高校思想政治工作质量提升工程实施纲要》里关于新时代高校思想政治工作的总体目标中提到，高校思想政治工作要形成全员全过程全方位育人格局，自此，"三全育人"正式成为我国高校开展思想政治工作的一个重要理念和方式。新时代要实现高校辅导员队伍建设的卓越发展，就要将"三全育人"融入"五育并举"工作之中，不断增强高校辅导员队伍"五育并举"工作的成效。

（一）扎实推进高校辅导员队伍的"五育并举"工作，实现全员育人

在高校辅导员队伍开展"五育并举"工作的过程中，不能仅仅依靠辅导员队伍自身来对大学生进行德智体美劳方面的教育，还应充分发挥高校、家庭、社会等方面的作用，不断优化全员育人的方案和体制。第一，充分发挥高校党委的领导核心作用，形成党委统一领导、部门（学院）分工负责、全员协同参与的组织保障体系和项目推进统筹协调机制，加强学校党委对"五育并举"工作的全面领导，充分调动和发挥部门、学院的工作主动性和创造性，做好制度建设、工作机制、保障体系的有效衔接。第二，充分发挥教师队伍的主体作用，实施择优资助计划、名师工作室等项目，落实专职思政教师、辅导员专项绩效，建立健全晋升和保障激励机制。第三，充分发挥学生干部、党员骨干的示范引领作用，使大学生群体牢固树立德智体美劳全面发展的新思维和比学赶超的生动局面和良好氛围。第四，充分发挥家长的后备作用，重视家庭对大学生德智体美劳全面发展的引导和培养，贯彻落实新的家庭教育理念。第五，充分发挥社会各专业群体的辅助作用，不断为辅导员队伍开展"五育并举"工作提供有力外部支持。只有充分发挥高校领导、高校教师、高校学生、学生家长、社会群体等各个群体的力量，真正做到"五育并举"工作全员化，为高校辅导员队伍开展"五育并举"工作提供多方面的支持和支撑，才能使高校辅导员队伍的"五育并举"工作产生扎实的效果。

（二）持续推进高校辅导员队伍的"五育并举"工作，实现全过程育人

大学时期是学生专业知识的储备期，也是大学生世界观、人生观、价值观塑造的关键阶段，只有将德智体美劳教育贯穿大学生学习和生活的全过程，才能持续推进高校辅导员队伍的"五育并举"工作。大学一年级是学生进入大学和适应大学生活的第一年，在这个阶段高校辅导员开展"五育并举"工作的主要任务是使大学生认识到德智体美劳全面发展的重要性以及实现自身德智体美劳全面发展的途径和方法，尽可能地多为大学生提供德智体美劳全面发展的渠道和平台，逐步使他们树立德智体美劳全面发展的发展理念。对于大学二年级和大学三年级的学生来说，他们对于德智体美劳全面发展已经有了一个基本的认识，也比较熟悉能够通过哪些方式来促进自己的全面发展，但这两个阶段的大学生可能会出现五个方面发展失衡的问题。例如，在大学二年级的时候，部分专业的学生的学业还比较繁重，自由时间较少，出现了过于注重学习而较少关注到身心健康、审美、劳动等方面的问题，而对于大学三年级的学生来说，部分专业的上课门数有所减少，较之前相比自由时间多了许多，部分学生就可能出现参与课外活动较多而较少关注学习的现象。这些问题和现象都启示着高校辅导员队伍在开展"五育并举"工作的过程中要注意五个方面失衡的问题。因此，高校辅导员队伍应持续推进"五育并举"工作，将"五育并举"融入大学生的整个大学阶段，实现大学生德智体美劳全面发展的全程化。

（三）协调推进高校辅导员队伍的"五育并举"工作，实现全方位育人

要使高校辅导员队伍的"五育并举"工作产生切实成效，应从好课堂、科研、实践、管理、服务、文化、组织等多方位来开展"五育并举"工作。随着中国特色社会主义进入新时代，我国越来越重视在文化方面的创新，各种博物馆、纪念馆、富有新意的传承中华优秀文化的活动等层出不穷，现代科技与文化活动相互交织的新局面为我国高校辅导员队伍开展"五育并举"工作提供了良好的资源和保障。因此，高校在推进"五育并举"工作的过程中，要协调好各方面的资源，特别是加强科教协同，为开展辅导员队伍推进"五育并举"工作提供必要的要素保障，使"五育并举"的教育理念融入高

校的课堂教学之中，融进高校的管理理念之中，融进高校团委、学生社团的各项活动之中，融进高校校园的文化建设之中，积极开展有关德智体美劳五个方面的各项实践主题活动，建立教书育人、科研育人、实践育人、管理育人、服务育人、文化育人、组织育人的长效机制，全方位地推进"五育并举"工作。

第二节 "五育并举"型高校辅导员队伍建设的实践路径

高校"五育并举"型辅导员队伍建设是一项长期的系统工程，在完成了对高校"五育并举"型辅导员队伍建设的内涵与特征、历史与现状、成就与问题的考察和剖析后，我们将视角转换到如何开展高校"五育并举"型辅导员队伍建设工作这一重大现实问题的思考上。

一、健全机制：构建高校"五育并举"型辅导员队伍建设的组织力

（一）健全高校"五育并举"型辅导员队伍建设的机制保障

1. 完善组织领导体制

高校"五育并举"型辅导员队伍建设是高校辅导员队伍建设的一种建设模式，与传统辅导员队伍建设的组织领导体制基本上是一致的，对于高校学习型辅导员队伍建设而言，目前需要在国家、地方、高校三个层面加强和完善组织领导机制以进一步推动建设工作的有效开展。

第一，各级辅导员队伍建设管理部门要进一步加强对"五育并举"型辅导员队伍建设重要性的认识，树立以"五育并举"促发展的辅导员队伍建设的理念，将高校"五育并举"型辅导员队伍建设作为辅导员队伍建设的一个新角度加以研究、指导和管理。

第二，各级辅导员队伍建设管理部门要积极推进"五育并举"型辅导员队伍建设工作。

作为国家管理部门，要承担起整个"五育并举"型辅导员队伍建设顶层设计的重要职责，引导地方和高校确立"五育并举"型辅导员队伍的建设方向，对现有的有利于"五育并举"型辅导员队伍建设的制度内容进行必要的整合，对不充分的地方进行补充完善，在充分研究和调研的基础上积极进行制度创新，在条件成熟的情况下可以出台《教育部关于加强高校"五育并举"型辅导员队伍的意见》，进一步规范和完善"五育并举"型辅导员队伍建设工作。同时，要加强对基层辅导员队伍建设的督导和管理工作，定期进行专项检查和督导，督促各级各层做好辅导员队伍建设工作。针对目前辅导员专业组织发展较慢的情况，要进一步借鉴国外发达国家的经验，引导推动辅导员专业组织的发展和完善，充分发挥其在辅导员"五育并举"发展中的专业指导作用。

作为地方教育主管部门，要在建设思路上与国家始终保持一致，确保将国家对于辅导员学习、培训、发展的政策落实到位，并结合地方高校和辅导员特色制定本地区"五育并举"型辅导员队伍建设的政策文件，对所辖高校积极开展指导管理工作，以此推进地方辅导员队伍建设工作。高校是"五育并举"型辅导员队伍建设的主阵地，也是辅导员队伍建设主要管理者。尽管目前对辅导员队伍实行的是"双重领导"体制，但是这种领导往往体现在对辅导员工作的指导和管理上，即"重用"，对辅导员队伍的发展培养问题则相对缺乏重视，即"轻培"。

作为高校，应当从思想上根本转变，真正像重视专业课老师培养那样重视辅导员的培养，将为高校辅导员提供良好的"五育并举"环境和氛围作为辅导员队伍建设的重要突破点，积极引导"五育并举"型辅导员队伍建设工作。学生工作部（处）要在学校的领导下，加强对建设工作的组织管理，牵头创建"五育并举"型辅导员队伍建设领导小组，组织开展"五育并举"型辅导员队伍建设的调查研究，完善"五育并举"型辅导员队伍建设促进机制，具体推进学校"五育并举"型辅导员队伍的建设工作。院系要积极支持辅导员"五育并举"发展，主动为辅导员搭建"五育并举"发展平台，组织和支持辅导员参与"五育并举"活动，为学校"五育并举"型辅导员队伍建设建言献策，提供政策依据。

第三，从现行的辅导员队伍建设领导管理体制来看，垂直的、科层制的管理结构比较明显。这种管理体制可以提高工作的效率，保障任务的执行到位，但是也比较容易产生"官本位"的思想。对于高校"五育并举"型辅导员队伍建设而言，各级辅导员队伍建设管理部门要加强基层调研活动，分别做好"自下而上"和"自上而下"两个方面的工作。一方面必须将"自下而上"的步骤走踏实。各级管理部门要树立"以辅导员为本"的意识，尊重和了解辅导员，通过主动走近辅导员和他们的工作现场，倾听辅导员意见和心声，通过走访调研掌握一线辅导员真实的工作情况和学习需要，通过对所掌握的数据材料进行实证分析作为政策制定的主要依据，避免"拍脑袋"政策的出现。另一方面要"自上而下"地工作，对下级所属部门的辅导队伍建设情况要开展经常性的督查工作，发现问题及时整改。同时，也要不断提高各级辅导员队伍建设主管部门工作人员的知识水平及认知结构，确保其管理工作是思路清晰的，且具有前瞻性。

2. 提供激励保障机制

激励是管理的核心，管理学中的激励是指用各种有效的方法去调动员工的积极性和创造性，使员工努力去完成组织的任务，实现组织的目标。对如何激发动机、鼓励行为和形成动力是激励的核心内容。对于如何实现激励也有不同的激励理论，赫茨伯格的双因素理论将激励因素分为激励因素（属于工作本身或工作内容方面的）和保健因素（工作环境或工作关系方面的）；马斯洛需求层次理论提出只有低级的需求（生理需求、安全需求、社交需求）得到部分满足以后，高层次的需求（尊重需求、自我实现的需求）才有可能成为行为的重要决定因素。赫茨伯格的双因素理论同马斯洛的需求层次理论有相似之处。赫茨伯格提出的保健因素相当于马斯洛提出的生理需求、安全需求、社交需求等较低级的需求；激励因素则相当于受人尊重的需求、自我实现的需求等较高级的需求。组织内建立有效的激励机制有利于激发组织成员的行为动机，形成符合组织目标的行为。高校"五育并举"型辅导员队伍建设也离不开健全完善的激励保障机制，通过运用有效的激励保障措施可以充分调动辅导员"五育并举"发展的积极性，促进辅导员的专业化发展，达到"五育并举"型辅导员队伍建设的目标。

一是应当以辅导员为本，充分了解辅导员的需求所在，并以此作为激励保障机制制定的基础。有学者将辅导员需求概括为"精神满足的优先性、荣誉需要的关切性、成就需要的强烈性、道德需要的相关性和物质需要的丰富性"。对于"五育并举"型辅导员队伍中的辅导员而言，获取工作报酬待遇维持生活是基本需求，此外，有对相对宽松的工作环境的需求；有在为学生成长成才服务中实现人生价值的需求和不断自我发展，实现个体和事业不断发展的需求。尤其在"五育并举"发展方面，他们的需求比较强烈，但是在热情、时间、机会和主动性等方面又相对不足。同时，对于不同的辅导员在"五育并举"方面的需求也不尽相同，例如新入职辅导员需要对加强工作技巧学习，成熟型辅导员则需要专业化学习，针对不同的需要建立健全队伍建设的激励保障机制有利于推动辅导员积极参与个体学习和团队学习。

二是要通过各种方法激励辅导员学习。目标激励，要明确"五育并举"型辅导员队伍建设的目标，明晰每位辅导员在建设过程中的个人利益和集体利益，重点明确"五育并举"对于辅导员发展和自我实现的长远意义，使辅导员将成为一名"五育并举"型辅导员作为自己的努力目标，激发辅导员的学习热情。薪酬激励，要将辅导员参与学习活动和物质待遇结合起来，例如为外出参加学习培训提供出差补贴，为自主参加专业证书培训提供学费报销，为购买辅导员学习相关书籍提供报销，为论文发表提供资助，为发展团.队提供活动经费等，通过为辅导员提供激励性报酬奖励，鼓励辅导员积极参与学习活动。榜样激励，要利用榜样的力量激励辅导员努力学习，在辅导员中树立"学习标兵"，大力宣传校内优秀辅导员事迹，让辅导员发现自身与优秀辅导员之间的差距，激励自己通过学习迎头赶上。荣誉激励，要对积极学习、学有所成的给予荣誉奖励，学习成果突出的辅导员在评选优秀辅导员、优秀工作者时要给予适当倾斜，科研创新成果获奖时给予相应物质奖励和通报表扬，在辅导员中形成"我学习我光荣"的良好氛围。关怀激励，倡导和贯彻关怀原则，构建良好的上下级情感激励模式，将尊重和关怀作为一种有力的激励手段，对辅导员的学习活动给予人文关怀，尊重他们的学习选择，在遇到困惑时及时给予帮助，想人所想，急人所难，让辅导员感受到组织的关心和温暖，以此激发"五育并举"发展的积极性、主动性和创造性。

三是要提供保障机制促进辅导员"五育并举"发展。优化环境保障机制，辅导员投入"五育并举"发展需要一个良好的环境，工作职责不清、工作地位不高、工作任务繁重等都是阻碍辅导员"五育并举"发展的因素。要进一步规范辅导员的工作范围，按照教育部的要求，配足辅导员队伍，降低工作强度，让辅导员从不属于职责范围的事务工作中解脱出来，给予他们学习的时间和空间。提供发展保障机制，要想辅导员安心学习用心工作，就必须设身处地地为辅导员着想，为辅导员解决他们的发展问题，做到学有所用，学有所归，前进有"奔头"。坚持对辅导员"双重身份"的认可和"双线晋升"的发展，为辅导员提供职称、职级评聘机制，将"五育并举"过程和成果作为辅导员职业发展的重要依据，让辅导员体会到学习对自身发展的实际作用和意义。学校要为辅导员做好职业生涯规划和发展的指导工作，帮助他们尽早确立辅导员工作的专业方向，做好他们的培养工作，让大多数辅导员成为一专多能型的"五育并举"型辅导员。优化分流机制，一方面注重把优秀骨干培养成为专家型辅导员；另一方面要进行合理分流，对专业知识扎实、科研能力突出、愿意从事教学科研工作的辅导员转型为专任教师给予积极支持，对政治强、作风正、业务精的辅导员要优先选拔到管理岗位，真正解决好辅导员的"出口"问题。

四是要建立民主参与保障机制。要鼓励辅导员参与"五育并举"型辅导员队伍建设的民主管理。通过民主管理，一方面确立辅导员在队伍建设中的主体地位和责任意识，增强辅导员积极发展"五育并举"的主动性；另一方面也能够体现出对辅导员"五育并举"发展要求的尊重，便于制定出符合不同发展需求政策保障和引导计划。

3. 健全考核评价机制

考核评价机制是高校"五育并举"型辅导员队伍建设的有效手段，也是高校"五育并举"型辅导员队伍建设的重要内容，"以评促建""以评促改"是考核评价最重要的功能。考核评价可以让建设管理者掌握"五育并举"型辅导员队伍建设的具体情况，及时改进管理手段，调节建设目标，为调整有关政策、制度提供依据。对于辅导员而言，考核评价能使辅导员明晰自己工作的范畴和职责所在，促进辅导员对自身的学习和发展情况进行全面的反思，找到自己的差距和不足，在反思中加以改进。

第一，在思想上重视考核评价工作。各级辅导员队伍建设管理者应当把科学合理的考核评价作为推进辅导员队伍建设工作的重要内容加以重视，不能看作是可有可无的工作，甚至有的高校将辅导员考核混同于普通职工年度考核。应当从政治高度来思考考核指标、考核程序、考核工作运行机制等核心问题并进行科学设计。高校"五育并举"型辅导员队伍建设是一个新的模式和维度，但是发展也离不开考核评价，需要各级部门充分重视、花大力气去设计完善。从辅导员来讲，也要形成对考核的正确认识，不要将考核认为是"走走形式、走走过场"，而是要将考核作为自己发展的目标体系去重视，通过外部考核和自我考核认清自身存在的问题。

第二，要为考核评价提供政策指引。目前，尽管各高校开始陆续探索建立起了辅导员队伍考评机制，但是在考评制度的建立上仍然处于比较粗放的阶段，以教育部办公厅发布的《关于开展普通高等学校辅导员队伍建设情况自查工作的通知》为例，教育部分别于2008年10月和2011年3月发出过两次自查通知，要求各省级教育工作部门及各普通高等学校从12个方面对辅导员队伍建设工作进行自查，可以说是队伍建设情况考核评价比较宏观的指导意见，但是2011年以后该项工作便停止了，也没有进一步出台过具体的指导意见和政策。从这个角度上来讲，现有的辅导员队伍考评机制缺乏一定的政策指引，各高校是否开展辅导员队伍建设考核评价也有比较大的随意性，取决于高校管理者的水平和理念。对于高校"五育并举"型辅导员队伍的考核评价而言，这是一个比较大的挑战，各级管理部门应该尽快建立起长效科学的考核评价管理机制，为各高校开展考核评价提供政策支撑。

第三，要建立科学的考核指标体系。考核指标体系关键体现在考核内容上，以当前高校辅导员队伍考核评价体制发展的现状水平而言，要求立即单独建立一套针对"五育并举"型辅导员队伍建设的考评指标体系显然有些困难，目前比较可行的方案就是在显性考核指标体系内加入对辅导员"五育并举"建设情况的指标内容。比如将辅导员的态度、意志、行为、时间、成果、团队、学习参与、论文发表、课题参与等内容作为考核评价的重要方面加入到考核指标体系中。另外，还要建立科学的考核标准。考核标准是考核指标体现表现优劣的尺度，是判断辅导员"五育并举"发展情况和"五育并举"型辅导员队伍建设情况的依据。考核标准必须要具有科学性、可操作性，过高或过低的考核标准都没有任何意义，可能还会挫伤被考核辅导员的积极性，损害考核的权威性。可以说，建立一套科学的考核指标体系是比较耗时耗力的，对制定者的素质要求也比较高。因此，高校不仅要加强校内管理部门人员的能力素质，有可能的，还要借助各级辅导员培训和研修基地的研究力量，或者借助社会专业机构的优势。

第四，要采用科学的考核方法。为了对"五育并举"型辅导员队伍建设起到促进作用，考核评价的方法必须要科学，具体可以做到"三个结合"：一是要将定性评价和定量评价相结合，对可以用数据衡量的指标要参照数据达标的情况对辅导员进行评定，但是也不能唯数据论，片面夸大数据结果。

有些指标确实很难用数据量化，适当采用一些定性的方法是必要的。例如不能以辅导员是否发表论文作为评价辅导员日常学习的依据，定性评价和定量评价要相互结合和互补。二是要将静态评价和动态评价相结合，静态评价就是对辅导员目前达到的学习水平进行判断，这种评价方法有利于辅导员进行横向比较，但不利于辅导员自己的纵向比较，动态评价和静态评价正好相反。因此，只有将静态评价和动态评价相结合，才有利于辅导员全面把握自身的发展状况，才有利于队伍建设管理者更具动态地掌握建设情况。三是要将他人评价和自我评价相结合，他人评估就是辅导员通过同事或专家、学生对自己的学习状态进行评估，帮助辅导员从评价结果上了解自身存在的不足。但是他人评估往往是辅导员被动接受评估，且时间上也受整体安排的限制。对于主动学习的辅导员而言，应当转变"要我考核"为"我要考核"的自主行为，通过自觉自愿的评价活动，实现自我调节和自我改进。

第五，要加大对考核评价结果的使用。考核是手段，使用才是目的。"五育并举"型辅导员队伍建设管理者要充分引用评价考核的结果，一方面要用到调节辅导员队伍建设中，哪里有问题就调整哪里；另一方面要将评价结果与辅导员的晋升、奖惩、淘汰建立关联，真正起到考核的激励作用，有考核但是对考核结果置之不用无疑将会挫伤辅导员的积极性，考核也失去应有的作用。

二、优化选配：构建高校"五育并举"型辅导员队伍建设的内生力

"终身学习是指通过一个不断的支持过程来发挥人类的潜能，它激励并使人们有权力去获得他们终身所需要的全部知识、价值、技能与理解，并在任何任务、情况和环境中有信心、有创造性和愉快地应用它们"。自从1972年，联合国教科文组织国际教育发展委员会编著的《学会生存》一书把终身学习提到了生存的位置，认为"我们再也不能刻苦地一劳永逸地获取知识了，而需要终身学习如何去建立一个不断演进的知识体系——学会生存"以来，终身学习的思想深刻地影响并改变着世界，不仅给人们带来了学习观念上的重大变革，也引导着人们将终身学习作为一种文明的生活方式。可以说，终身学习已经逐步成为当今社会发展的必然趋势，只有终身学习才能实现终身的发展。对于辅导员而言，终身学习已经是一个基本的职业守则，《辅导员

职业能力标准》中已经对此作出明确规定。对于"五育并举"型辅导员队伍中的辅导员而言，就是要具有终身学习的观念和终身学习的能力，将终身学习作为"五育并举"型辅导员培养和"五育并举"型辅导员队伍建设的内化力。

（一）辅导员要对终身学习的必要性有充分的认识

辅导员要树立终身学习的理念。理念是行动的先导，只有将终身学习的理念内化为辅导员的认识，才有可能外化为辅导员持续不断的学习行动，才有可能培养学习型辅导员，推动学习型队伍建设。从社会发展出发，当今世界在飞速变化，知识更新的速度大大加快，学习型社会要求每一个社会成员都应该成为终身学习者，辅导员也不例外。从辅导员职业出发，辅导员面对的是千头万绪的工作内容、千变万化的工作情况，以及千姿百态的工作对象，要高质量完成工作仅停留在原有的知识技能水平上已经远远不够了，必须要通过不断地学习提升自身的专业能力素养。辅导员是学生学习的引导者，自身如果不具备终身学习的理念和行动，就谈不上对学生"言传身教"，唯有辅导员树立终身学习的理念并付诸行动，才能影响到学生的学习的态度和行为；唯有辅导员具备不断学习的能力，才能提高学生的学习能力。所以，辅导员首先要自己树立终身学习的理念。

（二）辅导员要突破传统学习观念的束缚，为树立终身学习的理念扫清障碍

传统的学习观认为学习是单一的、被动的和具有维持性、阶段性的，然而事实上辅导员的学习应当是全面的、主动的、创新的和终身性的。辅导员不能将学习内容单单局限在思想政治教育学科领域，而是要把学习内容拓展到其他的学科领域和人的全部知识世界，这需要辅导员转变被动地接受学习和培训安排的状态，从"要我学"转变为"我要学"。同时，辅导员不能将学习局限或停止于学历教育，而是要将学习延伸到辅导员职业生涯和人的整个生命旅程，面向发展、面向未来。创新是必然趋势，因为仅仅依靠原有知识的维持来应对社会和工作的要求已经不可能，反之带有"预见性"的创新学习才能引领辅导员在工作中走向未来，突破自我。

（三）辅导员还必须要具备终身学习的能力

终身学习对辅导员而言是自身能力素质和知识水平不断提升、持续追求、精益求精的过程，是自我完善和持续成长的过程。具备观念上的认识还仅仅

只是起点，必须要具有将观念外化为持续的学习行为的能力，只有落实了终身学习的行为，才算真正实现了终身学习。落实终身学习，辅导员至少应该具备以下几方面的基础能力。

一是要具备发现学习需要的能力。需要引起动机，动机产生行为，行为驶向目标。学习需要是引起学习行为的驱动因素，按照马斯洛的需求层次理论，需求是有层次的，在低层次需求得以满足后才能出现对较高级需求的追求。对于终身学习的过程中，辅导员应当具备不断发现和挖掘自身学习需求的能力，例如新入职时，辅导员要善于发现自身原先的专业知识结构与应对新工作所需要的知识之间的差距，明晰自己下一步的学习需要，并以不断地学习来满足这种学习的需要；工作一段时间后，当补充辅导员工作的基本知识的学习完成后，辅导员要善于挖掘自身更高层次的学习需要，如与成为辅导员工作某方面专家之间的差距，并以此确定学习方向。如果辅导员不具备发现自身学习需要或持续发现学习需要的能力，很可能就不具备学习的动力，仅仅是安于现状，被动接受工作新问题对自己知识能力体系的挑战。

二是要具备科学规划学习的能力。人从出生开始将分别经历从幼年、少年、青年到中年、老年几个不同的阶段，每个阶段的学习方式和状态都是不一样的，正如古人云："少而好学，如日出之阳；壮而好学，如日中之光；老而好学，如炳烛之明。"如果说辅导员在青少年时期大多是处于接受学历教育、被动学习的状态，只需要按照规定的培养路径和培养内容接受教育即可，那么进入工作状态以后，辅导员的学习则更多地表现为一种自主状态，要不要继续学习、学什么、如何学这些问题都需要自己去决定。所以对于持有终身学习理念的人而言，科学规划学习的能力必不可少，没有学习规划就会迷失学习方向，变得杂乱无章，终身学习的效果也会大打折扣。因此，对于学习型辅导员而言，必须能够对学习进行科学的规划，尤其要根据在不同职业生涯阶段自身所面临的情况问题和需要提升的知识能力来分别安排学习的侧重点和学习形式，关键还有分层次设定学习目标，有了明确的学习目标才会激起强烈的学习要求和求知欲望，并且激励自己在学习过程中表现出良好的注意力和克服困难的意志。

三是要具备维持学习状态的能力。坚持终身学习不是一件容易的事情，和任何事情一样，学习也不可能总是万事俱备、一帆风顺，在过程中总归会遇到这样那样的困难和阻碍。辅导员在终身学习的过程中对此要有心理准备，要具备随时用自己的能力和智慧应对学习道路上各种问题和困难的能力，而不是一遇到困难就放弃或放松学习。例如经过一段时间工作的辅导员难免会遇到各种工作压力，并遭遇职业倦怠情绪，此时辅导员必须要具备应对调整能力，而不是让这些问题成为阻碍辅导员学习的因素。辅导员可以通过释放压力，缓解不良情绪，寻求积极认知，调节学习目标和节奏等方式来应对这些问题，最终拓展出一条适合自己情绪状态的持续学习之路。

三、鼓励自主学习：构建学习型辅导员队伍建设的内驱力

如果说终身学习是辅导员不断完善自我和实现自我的持续的一个过程，那么这个过程的实现也必须是要以辅导员自觉自愿地、积极主动地自主学习作为保障的。辅导员本人作为持续学习的主体，应当要以自主学习为取向，掌握学习的主动权，只有主动进入学习状态的辅导员才能在原有的基础上得到充分而持续的发展，自主学习是高校辅导员终身学习的一种主要学习方式，也是永远最具活力和潜力的学习方式。

如何开展辅导员自主学习，首先要了解何为自主学习。中外学者的解释不尽相同，简单理解就是自己主宰自己的学习，与他主的学习相对应的一种学习方式。美国自主学习研究专家齐莫曼（Zimmerman）将自主学习定义为一种自我调节学习的过程。为了更为准确、直观地把握和理解自主学习的含义，齐莫曼提出了一个系统的自主学习研究框架。齐莫曼认为要判定学习是否是自主的，应该根据研究框架中的第三列，即自主学习的任务选择和控制。如果学习者在该列中的六个方面均能由自己做出选择或控制，则其学习就是充分自主的；反之，如果学习者在这六个方面均不能由自己选择或控制，则其学习就无所谓自主。

基于以上观点，我们可以从学习的维度和过程两个角度来界定辅导员自主学习。从学习的维度而言，如果辅导员的学习动机是自我驱动的，学习内容是自己选择的，学习策略是自主调节的，学习时间是自我计划和管理的，能够主动营造有利于学习的物质和社会性条件，并能够对学习结果做出自我判断和评价，那么这个学习就是充分自主的。从学习过程而言，辅导员如果在学习活动之前自己能够确定学习目标、制订学习计划、做好具体的学习准备，在学习活动中能够对学习进展、学习方法做出自我监控、自我反馈和自我调节，在学习活动后能够对学习结果进行自我检查、自我总结、自我评价

和自我补救，那么这个学习就是自主的。基于以上理解，要提升辅导员的自主学习能力可以从以下几个方面着手。

（一）树立自主学习的意识

首先，辅导员要具有自立意识就是要认识到作为学习的主人，必须要对自己的学习和发展负责，认识到学习是自己的事情，发展也是自己的事情，不能由任何人替代。同时要相信自己具备学习的潜力和独立学习的能力，且能够依靠自己解决学习过程中的"障碍"，从而获取知识。其次，辅导员要具有自主意识，就是学习的事情要自己主动去完成而不是被动学习，不管是探索性学习、选择性学习，还是建构性学习、创造性学习，都是自主学习的重要特征显现，也是学习主体获取知识的途径，都要依靠自己去生成、实现和发展。最后要具有自律意识，这是辅导员对自己的学习要求、目的、目标、行为、意义的一种充分觉醒，并以此来规范、约束自己的学习行为。综上所述，辅导员树立自主意识要分别树立自立意识、自为意识和自律意识，自立意识是自主学习的基础，自为意识是自主学习的实质，自律意识则是自主学习的保证。

（二）设计自主学习的内容

辅导员"学习什么"？广义一点的回答，作为人而言，学习是本能，是个人发展的前提，什么都要学。狭义一点的，就是要学与辅导员工作相关的知识。知识的类型根据表现形式可以分为显性知识和隐性知识；根据重要程度可以分为核心知识、重要知识和外围知识；根据知识专业性可以分为基础知识和专业知识。高校辅导员队伍结构层次是复杂且多样的，根据性别、年龄、学校类别、职称序列、发展阶段可以分为不同的类型，由于辅导员的个体情境的差异性，以及辅导员学习的影响因素的差异和不确定，辅导员学习的内容需求和路径选择同样存在着个体差异性。可以说，《高校辅导员职业能力标准》为辅导员提出了学习内容的指导意见，辅导员可以据此设计自己的学习内容，但关键点还在于要始终根据自己所在职业生涯阶段的学习需求及专业化发展方向为自己确定学习内容。

（三）探究自主学习的策略

有效地选择与使用相应的学习策略是辅导员自主学习的重要步骤，也是会学习的关键环节。

首先，要树立"工作学习化、学习工作化"的观念，所谓工作学习化，就是把工作的过程看成是学习的过程，把工作看成是最好的学习机会和场所，通过对自己工作实践的不断反思和与工作场所相关人员的不断交流实现自主学习；所谓学习工作化，就是指将学习视为一项必要的工作，能每天不断地继续学习，如同认真工作时所投注的积极性一样，并培养出终身学习的习惯。

其次，要选择合适的学习方法途径。一是向书本学习。书籍是人类智慧的结晶，辅导员应该养成认真读书和向书本学习的习惯，将书本作为自己的精神食粮，要认真研读马克思主义和思想政治教育的有关著作和文献，掌握马克思主义基本原理和思想政治教育原理方法，尤其是要结合自身专业化发展方向选择相关专业书籍进行学习，充分利用互联网数据库网站，查阅学术期刊文章，把握最新的理论研究成果。二是向同行学习。要成为一名学习型的辅导员要善于向他人学习，既要向同样从事教师职业的专业课同事学习，也要向辅导员同行学习，既要向校内老师学习，也要向校外老师学习。通过对共性问题、疑难问题、焦点问题的探讨交流，在交流中收获成长，在分享中得到启发。三是向专家学习。所谓专家是指精通某一学科或某项技艺的有较高造诣的专业人士，专家往往对所在专业有着先进的思想和独到的见解。辅导员应当走近专家，向在高等教育领域，尤其是思想政治教育领域有着较高实践经验和学术造诣的专家学习，所谓"听君一席话，胜读十年书"，通过学习他们的方法理论使辅导员在探索中少走弯路甚至加快步伐。四是向学生学习。主体间性理论认为教育体现的是"你—我"的平等关系，教育者和被教育者在对话中相互作用，二者之间形成互主体性即主体间性，具体到辅导员和学生之间即体现为相互对话、相互学习、相互促进的互动关系。辅导员应该改变以往作为教师身份的优越感，要勇于承认学生某些方面的知识和能力是确实可能优于辅导员的，从这个认识上来讲，辅导员应该善于与学生构建一种"师亦生，生亦师"的师生关系，在与学生的对话、交流中师生相融、教学相长。

（四）调节自主学习的过程

辅导员自主学习是一个过程，中间包括了若干的阶段和细节，而所有的阶段和细节方面都不可能一直处在一个自为且理想的状态，需要辅导员对自己所从事的学习活动进行积极的自觉检查、评价、反馈、控制和调节。具体此基础上确定具体的培训计划；培训计划包括拟定培训目标、确定培训内容、设计培训课程、选择培训方式和选定培训讲师；随后是培训实施及评估，最后是培训效能落实。对于任何的辅导员培训管理机构或是准备接受培训学习的辅导员而言，必须从整体上对辅导员培训运行体系进行把握，做到心中有数、查缺补漏、有的放矢、有效管理。

（五）完善辅导员分层培训体系

目前，我国基本建立的是"以教育部举办的全国高校辅导员示范培训为龙头，以教育部、省（区、市）高校辅导员培训和研修基地举办的专题培训、高级研修为重点，以高校举办的岗前培训、日常培训等各类培训为基础"的三级辅导员培训体系，不同的培训实施主体在培训对象和培训内容方面既各有侧重，也有所重合。尽管三级培训机构已经初步建成，但是各级培训机构之间还没有形成科学规范的层次和体系，职责不清、分工不明，在执行培训任务时往往各自设计、多头并进，既造成了辅导员培训工作缺乏系统性，也造成了培训资源的极大浪费。

首先，应当从顶层设计角度对辅导员三级培训体系的内容框架进行进一步的规范，根据各级培训主体的实力制定一个分工清晰、责任明确、梯度明显的培训指南和培训大纲，引导各级培训机构有所为也有所不为，按照大纲规范做好所在层面的辅导员培训工作。其次，要建立培训资源共享机制，不能因为培训分层，导致辅导员对机构学习资源的收益机会分层，要将机构之间的培训课程和培训资源进一步做扁平化开放，通过教材、视频、慕课、在线直播等信息化网络手段实现资源共享，例如针对辅导员骨干的培训，只要新任职的辅导员认为有必要参与，就可以通过较为便利的方式去获取培训机会，而不是非得要熬到成为专家型辅导员才能有机会参加，资源机会均等化是促进辅导员有效参与培训学习的另一蹊径。再次，要进一步拓展辅导员海外培训学习的资源和平台，推动辅导员出国出境对国外学生事务管理理论与实践进行研修学习，开阔视野，为辅导员工作进一步走向国际化开启新的学习通道。最后，要进一步发挥社会培训机构在辅导员培训学习中的补充作用。对于一些专业性较强而各级培训机构无力承担的培训项目，培训机构可以适度寻求社会培训资源协助，整合培训能力，同时也要注意对培训机构进行严格的审核管理，确保其具备专业的培训资质以保证培训质量。

（六）加强对辅导员培训需求的分析

《高校辅导员职业能力标准》已经对辅导员不同的职业能力和不同的能力内容进行了详细规范，可以将此作为对不同级别的辅导员培训需求进行判断和分析的基本依据。对辅导员培训而言，除了面向全体辅导员的基础性的、共性的培训之外，还要着重开展依据三个辅导员级别、九个模块的专题性的、差异性的培训，且各模块之间的培训要保持连续性。因此，一方面要以加强辅导员培训内容体系完善为基础，以此系统提供培训学习，保证培训的系统性；另一方面还要坚持"以辅导员为本"，在培训前通过调查问卷等形式掌握辅导员培训的具体需求，对派出学校而言，可以根据辅导员的学习需要提供培训机会，避免盲目选送培训，浪费资源。对培训机构而言，可以掌握培训人员对培训的基本诉求，做到有的放矢，避免盲目培训，保证针对性。对于辅导员个体而言，可以据此判定是否需要参与某项培训学习，保证参与学习的积极性。

（七）加强辅导员培训课程体系的开发

对于目前辅导员培训体系而言，除了缺乏一个关键的培训系统大纲外，还缺乏对培训课程体系的规划与设计。尽管"思政司专门组织专家力量编写出版了培训教材，但部分辅导员基地却不重视使用教材，教材规格、种类、质量上也是参差不齐，导致培训内容不是很规范。"辅导员培训学习要走向系统化和规范化，必须要以系统科学的课程体系为依据。就目前而言，各级辅导员培训的课程尚处在一个经验水平，还没有能够上升到科学的层面。辅导员培训课程体系开发可以根据上岗培训、日常培训、专题培训、高级研修的不同类型，校本培训、地方培训、国家培训的不同层次，以及初级、中级、高级辅导员不同等级分析开发需求，并且分别从纵横两个维度构建课程体系。在纵向上，协同开发各级培训的课程体系，各课程体系之间应该体现出一个由浅入深的层次关系，例如校级培训课程以初级辅导员作为主要对象，整个课程体系要体现基础性，而省级培训课程则可以设定以中级辅导员为对象，课程体系可以偏向专业性等；从横向上，辅导员课程体系由涉及若干方面的多门课程组成，各门课程具体的内容可以根据不同层级辅导员设计不同版本，例如入门版、升级版、专业版三个版本类型，便于不同层级辅导员学习理解。辅导员培训课程体系的开发是一项复杂工程，离不开课程体系的开发人员，既需要高屋建瓴的领军型团队把握全局,也需要实践经验丰富、理论功底深厚的专家型团队分层分类构建,既需要思想政治教育专家,也需要其他学科领域的专家积极参与,可以说任重而道远,但是又意义非凡。

(八)培育辅导员培训学习的学科专业

目前,高校辅导员各级培训主要还是依托在马克思主义理论一级学科所属的思想政治教育二级学科下思想政治教育专业领域进行。以高校辅导员在职攻读博士学位为例,2016年之前各基地都是依托思想政治教育专业进行在职辅导员博士生的招生培养工作。一方面这是由辅导员工作属性所决定的,马克思主义理论和思想政治教育理论在辅导员工作中的核心知识地位是不可动摇的。但是另一方面,从目前对辅导员的职业能力要求来看,辅导员还必须同时具备哲学、法学、社会学、心理学、数学、政治学、管理学等学科的基础知识储备,如果仅仅还只是以思想政治教育专业单一形式为辅导员提供培训学习,可以说无论是从知识体系还是从师资力量上来说都是不充分的。因此,可以尝试在思想政治教育二级学科下开设"高校辅导员"专业,以思想政治教育专业为基础,依托融合管理学、法学、心理学、伦理学、社会学、教育学等学科专业,建立多专业、多学科协同的以高校辅导员培养为直接目标的本、硕、博的学历培养体系。

(九)改进辅导员培训学习的方式

目前,辅导员培训学习的形式相对比较单一,"大多培训都主要采用课堂教学的方式,表现为专家讲授、辅导员听课,理论讲授、知识传授的传统方式方法,部分培训也会结合案例分析、工作研讨等环节,但如角色扮演、拓展训练等的培训方式则很少涉及,在辅导员培训方法上略显僵化。"某种程度上来讲,灌输式的课堂教学并不是最合适为成人教学的方式,大多数成人接受课堂教学时做不到长时间的注意力集中,因此,往往在培训课堂上会出现睡倒一片或是私下各自行动的情况。为提升辅导员培训学习的效果,可以相应地使用一些参与式培训,例如分享式培训、问题探究式培训、案例培训、影像观摩、自主钻研、撰写论文等,激励参与培训辅导员从"被动接受者"变成"主动的创造者"和"合作伙伴",而培训老师则更多地扮演促进者和协助者的角色,将培训模式从授课主导型向自主钻研型、知识灌输型向能力提升型转变,以增强培训学习的吸引力和感染力。

（十）提升辅导员培训学习的转化能力

辅导员培训效能转化也就是辅导员要将培训中所获取的知识、技能、态度和行为模式持续而有效地运用于工作当中的过程。辅导员参与培训学习的最终目的还是要解决辅导员工作的理论困惑和实践难题，根本上还是为了学有所用、学以致用。一方面，学校要为辅导员培训成果转化提供支持性的环境，鼓励辅导员将成果应用到日常工作中；另一方面，辅导员自身从培训学习开始就要有端正的学习态度，珍惜学习机会，带着问题和责任参与学习活动，通过所学所思不断深化自己对于辅导员工作的认识和理解，并积极主动地将学习成果外化为工作行动，提升自身的工作水平和质量。

三、提质增效：构建高校"五育并举"型辅导员队伍建设的内驱力

（一）高校"五育并举"型辅导员队伍共同愿景的含义

彼得·圣吉曾在《第五项修炼》一书中提到："共同愿景最简单的说法是'我们想要创造什么？'愿景是人们心中或脑海中所持有的意象或景象，共同愿景也是组织中人们所共同持有的意象或景象，它创造出众人是一体的感觉，并遍布到组织全面的活动，而使各种不同的活动融汇起来"，它是在人们心中一股令人深受感召的力量，共同愿景可以简单概括为被组织成员所接受和认同的组织的愿景，是组织成员共同勾画出的组织未来发展的远大理想和蓝图。这个共同愿景描述了组织未来的可能性并且组织的成员相信它是可实现的并愿为之付出努力。高校"五育并举"型辅导员共同愿景是指被全体辅导员共同接受和认同的、能引领所有成员共同成长和进步的、能使所有成员为之共同努力和奋斗的美好愿景，简单一点表达就是我们对要建设的是一支什么样的学习型辅导员队伍的描述且被全体辅导员所认可并愿意为之努力。

共同愿景包括三个要素，即组织的使命、价值观和目标，追寻什么是组织的共同愿景，为何追寻是组织的目的或使命，如何追寻是对组织的核心价值观和目标的体现。同样，对于高校学习型辅导员队伍的共同愿景而言也具有三个基本要素，即高校学习型辅导员队伍的使命、价值观和目标。通常就是要回答好以下问题：一是我们要建设的高校学习型辅导员队伍是一支什么

样的队伍？二是我们为什么要去建设这样一支队伍？三是我们在建设这支队伍时应该遵循的标准、规范以及需要实现的目标是什么？

共同愿景的构造体系包括三个层次：个人愿景、团队愿景和组织愿景。高校"五育并举"型辅导员队伍共同愿景包含辅导员个人愿景、辅导员团队愿景和辅导员队伍愿景。辅导员个人愿景通常是辅导员个人对自己未来发展的一种愿望。辅导员个人愿景根植于辅导员个人价值观、关切、需要、利益之中，它是辅导员个人持续行为的内在动力。团队愿景是介于辅导员个人愿景和辅导员队伍共同愿景之间的重要桥梁，是形成共同愿景的团队基础。辅导员队伍的共同愿景、团队的愿景和辅导员个人愿景三者之间是相互制约，共同愿景才会在团队和队伍中形成，而辅导员队伍的共同愿景和团队愿景是通过辅导员个人愿景在队伍和组织内互动和协同的基础上所形成。

（二）高校"五育并举"型辅导员队伍共同愿景的作用

共同愿景对于高校学习型辅导员队伍建设具有重要作用，统领整个队伍建设的进程，是建设学习型辅导员队伍的核心内容。

提升高校学习型辅导员队伍建设的凝聚力。高校学习型辅导员队伍的共同愿景源于辅导员个人愿景又高于个人愿景，对于整个队伍中的辅导员而言它就是一种黏合剂。共同愿景不仅能够让辅导员明确自己努力的方向，同时又能使全体辅导员围绕队伍建设的共同愿景紧密联系在一起，每个辅导员都明确自己在学习型辅导员队伍建设中所应该发挥的作用。对他们而言，高校学习型辅导员队伍建设已经不是管理者单方面的政策设计，而是辅导员们所共同努力的方向，从"他们建设"转变为"我们建设"。通过共同愿景将分散的个人力量聚集为一股向心力，无形中便形成了辅导员队伍建设的强大凝聚力。

加强高校学习型辅导员队伍建设的驱动力。共同愿景表明了将来队伍发展奋斗的方向，可以说它是辅导员队伍建设和辅导员个人发展的一面旗帜。有了这面旗帜，辅导员们就有了努力的方向，不至于在发展中迷失方向。通过学习型辅导员队伍共同愿景的引导，辅导员一定能够坚定终身学习的理念，通过不断地学习改善自身的知识结构，即使在学习和发展中遇到某种困难或者阻碍也一定能够积极主动去克服，为成为学习型辅导员而不懈努力，以建设高校学习型辅导员队伍为己任。

激发高校学习型辅导员队伍建设的创造力。彼得·圣吉在《第五项修炼》

中提出"当我们将'愿景'与一个清楚的'现实景象'同时在脑海里并列时，心中便产生了一种'创造性张力'，一种想要把两者合二为一的力量。这种由二者的差距所形成的张力，会让人自然产生纾解的倾向，以消除差距"。当辅导员发现自身"五育并举"的现状与"五育并举"团队或"五育并举"型辅导员队伍所要求愿景之间存在一定差距时，在共同愿景与个人愿景的互动协同下，辅导员会以共同愿景为目标，不断跨越老的阻碍因素的藩篱，不断去创新学习认知、学习方式来消解与共同愿景之间的差距。同样对于辅导员队伍建设问题也一样，共同愿景的出现让它与建设工作现状呈现出差距，而这种差距就是推动高校学习型辅导员队伍建设工作不断推向创新的动力源泉，为加强和改进辅导员队伍建设提供了动力支持。

（三）高校"五育并举"型辅导员队伍共同愿景的构建

高校"五育并举"型辅导员队伍是坚持以学习求发展为导向，以辅导员个体"五育并举"发展为核心，辅导员团队"五育并举"建设为基础的"五育并举"型团队。要构建高校"五育并举"型辅导员队伍共同愿景要从以下三个方面进行。

1. 建立辅导员个人愿景

辅导员的个人愿景是高校"五育并举"型辅导员队伍共同愿景的前提，借着汇聚个人愿景，共同愿景才能获得能量。如果辅导员没有相应的个人愿景的话，那他在整个"五育并举"型辅导员队伍的共同愿景实现过程中只能算是一个被动的配合者、顺从者、听命者，在队伍建设中也自然会缺乏自发、自律、自觉的行动。构建"五育并举"型辅导员队伍共同愿景必须持续不断地鼓励辅导员发展自己的个人愿景。辅导员的个人愿景根植于辅导员个人价值观、关切、需要、利益之中，它是辅导员个人持续行为的内在动力。个人愿景根据关注对象的不同，可以有很多构成和内容，对于"五育并举"型辅导员队伍中的辅导员而言，建立个人愿景要以"五育并举"发展为中心，对是什么、为什么、怎样做等问题有所思考和梳理。具体而言，就是辅导员要有通过不断发展"五育并举"在传统辅导员角色形象基础上进一步树立自己"五育并举"学习者、合作者、创新者、学习领导者的新角色形象，提升专业化水平，实现自身完善。如果个人愿景是在自身价值判断和需要分析的基础上所形成的理性愿景，辅导员一定能够充分发挥主动性和积极性，义无反顾地全身心投入到完成这个愿景的活动中。如果队伍中拥有相同目标愿景的辅导员结合在一起，就可以创造强大无比的综合能力向个人和队伍的共同愿景去迈进。

2. 集合辅导员个人愿景

高校"五育并举"型辅导员队伍共同愿景并不是辅导员个人愿景的简单相加，不可能一蹴而就，而是在辅导员个人愿景互动成长过程中形成的。这里有两点需要注意，一是要尊重辅导员个人愿景的多样性和自由性，任何组织和个人不能强迫辅导员发展规定内容的愿景；二是通过引导鼓励辅导员之间通过分享、交流、沟通个人愿景的方式逐步形成队伍的共同愿景，就是要集合辅导员个人的愿景。在团队中，成员之间要学会互相分享与尊重，表达和聆听同样重要。一方面要善于在团队中表达自己的个人愿景，与他人分享自己在个人发展和队伍建设方面的愿景；另一方面要善于倾听他们的愿景，看看在与他人愿景比较的情况下能否形成自己更为合理有效的愿景内容。同时，在团队中必须要有具有愿景意识和集合能力的领导者，鼓励辅导员之间互相分享个人愿景，并从中发掘出高于个人愿景的共同愿景，简单点说，就是"说出你的愿景"和"形成我们的愿景"的过程，这也是辅导员对最终形成的共同愿景的理解和认同的过程。

3. 形成队伍的共同愿景

高校"五育并举"型辅导员队伍共同愿景的形成是在辅导员个人愿景互动交流的基础上整合提炼出来的，这种提炼的工作可能是由国家辅导员队伍管理机构或是由具有丰富理论经验的辅导员队伍专家研究者来承担的，也许相对而言这种共同愿景是有一定科学性和针对性的，但是依旧要将拟定的共同愿景放到辅导员中去测试，看看辅导员们对于共同愿景的反馈，了解他们对共同愿景的意见。实际上，共同愿景的形成不仅包含自下而上的过程，还应当包括自上而下的过程，这个过程既是对共同愿景的测试，也是组织上下反复酝酿，不断锤炼和推敲的过程，这样才能形成真正符合时代发展趋势和高校"五育并举"型辅导员队伍发展要求的、科学合理的共同愿景。

四、服务保障：构建高校"五育并举"型辅导员队伍建设的推动力

（一）提供高校"五育并举"型辅导员队伍建设的文化支撑

文化既是一种社会现象，也是一种历史现象，它是社会历史长期积淀的产物。随着高校辅导员队伍建设的不断推进，辅导员队伍在长期的大学生思想政治教育过程中也逐步形成具有独特精神内涵和价值取向的队伍文化，成为辅导员队伍持续发展的精神所系。对于高校辅导员队伍建设而言，良好的队伍文化具有凝聚、导向、约束和激励功能，能够为队伍发展提供不懈的发展动力，同时队伍文化也在依托队伍建设不断创新和发展中走向成熟完善。所以，对于高校"五育并举"型辅导员队伍建设而言，队伍的文化建设既是一个重要内容，也是一个重要手段，应当着重培育"以爱岗敬业为核心的职业文化"、"以发展为核心的学习文化"和"以分享为核心的团队文化"。

1. 培育以爱岗敬业为核心的职业文化

职业文化可以从广义和狭义两方面来看：广义的职业文化是指涵盖现代社会众多职业、为广大职业人所普遍遵循的价值观念和行为规范；狭义的职业文化是指相近职业的职业人应遵循的价值观念和行为规范。积极健康的职业文化，将有助于人们更好地理解职业的价值，理解每一种职业的"独特性"，理解做好每一种职业的意义所在。辅导员也有职业文化，且这种职业文化直接影响到队伍的发展。高校"五育并举"型辅导员队伍的文化建设首先要以社会主义核心价值观所倡导的"爱岗敬业"为核心，在辅导员中培育热爱辅导员岗位，忠于辅导员事业的职业文化。高校"五育并举"型辅导员队伍建设不是凭空开展的，它离不开一支真正热爱辅导员工作、甘于为辅导员事业奉献力量的辅导员队伍作为基础，而这样的队伍离不开"爱岗敬业"职业文化的支撑。有了这样的文化，辅导员才能更加强烈地感受到自己作为大学生思想政治教育的骨干力量，是大学生健康成长的指导者和引路人所承担的责任感和使命感；有了这样的文化，辅导员才能够更加安心地在辅导员岗位上踏踏实实工作，勤勤恳恳育人，把挫折化作历练，把压力化作动力，在工作中时刻保持昂扬的精神状态，最大程度地发挥个体潜能，投入到辅导员工作中；有了这样的文化，才能将辅导员工作作为一项事业去追寻，在追求事业成功和价值实现的同时不断通过学习提升能力，完善自身。这样的文化，对

当前辅导员队伍建设中的辅导员流动性强、专业化程度低、专家型人员不足等问题是一剂良药。

2. 培育以发展为核心的学习文化

高校学习型辅导员队伍建设所要实现的就是"以学习求发展""以学习促发展",发展是根本目的,学习是基本路径。无论是形成发展的意识还是落实学习的行动,都离不开辅导员队伍爱学、乐学、笃学的学习文化浸渍,以发展为核心的学习文化是高校学习型辅导员队伍文化的精华和生命力所在。辅导员学习文化可以通过不同载体去体现,包括辅导员学习的物质文化、制度文化和精神文化,在这些文化中精神文化是辅导员学习文化的核心,是辅导员群体在长期的学习活动中所认同的精神成果和文化观念,是学习价值观、学习风气、学习样态等等,是辅导员学习文化的深层结构,也是学习文化形成的关键部分。当前辅导员学习或是参与培训基本上是为了满足国家、高校乃至辅导员职业对辅导员的要求,辅导员学习文化价值也难以摆脱被功利化的命运,功利化的学习必然会导致学习行为的"异化",教育主管部门把安排辅导员学习作为工作内容,辅导员把学习当成完成任务,获取培训合格证书或积累培训经历用作职称晋升之用。参与学习不是自身生命价值的实现和对辅导员专业发展的追求,而是一种为了学习而学习的被动学习。因此,培育辅导员学习文化首先就是辅导员学习精神文化重构,第一要义是变革辅导员学习文化价值观。辅导员首先要确立自己作为"人"的主体性存在,其次才是作为"辅导员"的存在,应当要把学习价值植入辅导员的主体性视域中去理解和解构,通过学习"给自己的职业生涯增添探索的、发现的快乐,使自己的生命和才智在为事业奉献的过程中不断获得更新和发展。"辅导员应当把学习作为提升自身工作水平、体现工作价值的过程,这也是人生得到升华的过程。有着这样的学习文化价值内容,辅导员的学习文化样态将从"要我学"转变为"我要学",全员学习、全程学习、终身学习也能够成为核心的学习精神,引导辅导员在"开放式"的学习中学习。同时也要重视从其他领域引入各种先进的学习文化为辅导员队伍发展所用,真正发挥先进学习文化对高校"五育并举"型辅导员队伍建设的文化引领作用。

3. 培育以合作为核心的团队文化

团队文化是团队在建设、发展过程中形成的,为团队成员所共有的工作态度、价值观念和行为规范。团队文化建设是一个逐步演变、完善的过程,贯穿于团队建设的始终，团队文化也影响团队建设的成效。因为优秀的团队文化能够代替刻板的规章制度，增强团队的凝聚力、向心力，提高团队的创新能力，统一团队成员的思想，约束和激励团队成员的行为，促使团队成员为共同的目标而奋斗。通过构建团队文化有利于增强辅导员队伍的凝聚力和向心力，尤其是能够使辅导员之间建立开放、和谐的人际关系，创造辅导员之间坦诚相待、互相信任、互相依赖的良好氛围。对于高校"五育并举"型辅导员队伍建设而言，团队文化，尤其是以合作为核心的团队文化尤为重要，不仅有利于辅导员树立团队意识，投入到团队学习和团队建设中，加强"五育并举"型辅导员队伍建设的凝聚力，也有利于辅导员通过在团队学习活动中加强相互之间的经验交流，实现优势互补和资源共享，这无论是对个人发展还是对他人发展都具有正面作用。对于当前培育辅导员团队文化，一方面要增强辅导员的团队意识，积极主动融入团队学习和团队建设；另一方面要为辅导员搭建团队合作的平台，建立良好的沟通交流机制，让辅导员在团队工作中逐步形成包容互助的文化心理和甘于奉献的文化品质，在团队建设中培育团队文化。秉承鲜明的问题意识和强烈的实践指向，把握时代的发展和变革对高校辅导员队伍建设工作提出的机遇和挑战，建设高校"五育并举"型辅导员队伍不仅是历史的选择，也是时代的选择。开展高校"五育并举"型辅导员队伍建设研究是繁荣发展我国高校思想政治教育学科的路径选择，也是面向高等教育改革发展实践，为推进中国特色社会主义教育事业提供思想先导、学理支撑、精神动力和实践指南的现实要求。

当今社会，随着科学技术的迅速发展，信息与知识的急剧增长，知识更新的周期缩短，创新的频率加快，学习成为个人、组织以及社会的迫切需要。随着高等教育大众化发展，走以质量提升为核心的内涵式发展道路是适应新时期高等教育改革发展和高等学校人才培养的需要。同时，辅导员队伍建设的脉络走向也逐渐清晰，从初步的探索到逐步的成熟，从注重人员配置到注重素质提升，队伍建设逐步呈现出从"量变"走向"质变"的专业化、职业化、专家化发展道路。现阶段，高校辅导员现有知识储备与知识社会信息知识快速更新之间的差距，大学生对教育需求与辅导员素质能力供给之间的差距，高校辅导员队伍整体状况与辅导员队伍专业化、职业化、专家化水平之间的差距是高校学习型辅导员队伍建设不断推向前进的动力所在。

过去高校辅导员队伍建设的历史就是辅导员不断加强和改进学习的历

史，辅导员在学习中增长才干，在学习中提升能力，为高校思想政治教育工作的有效开展提供了坚实保障，为培养社会主义接班人和建设者做出了重大贡献。新时期辅导员队伍如何在变化中坚守职责，在挑战中赢得主动，在发展中履行好"立德树人"的神圣职责，唯有不断地学习、学习、再学习。将"以学习求发展""以学习促发展"的学习理念引入高校辅导员自身发展和队伍建设，建设高校"五育并举"型辅导员队伍建设是新时期辅导员队伍建设的崭新模式和创新维度，也是辅导员队伍以"五育并举"走向未来的必然选择。

高校"五育并举"型辅导员队伍作为一支乐于、勤于、善于自我学习、自我建设、自我发展的队伍，充分体现了人人、时时、处处、事事、团队共同"五育并举"的鲜明的学习化特征，体现了"以'五育并举'求发展""以'五育并举'促发展"的队伍建设的基本导向，但是"五育并举"不是目的，以"五育并举"走向未来才是真正的追求。

一是以"五育并举"走向辅导员队伍专业化、职业化、专家化发展的未来。辅导员队伍走向专业化、职业化、专家化的发展方向和目标已经确定，高校"五育并举"型辅导员队伍建设既是这个方向下的必然选择，也是走向这个目标的有效路径。以"五育并举"为导向的高校"五育并举"型辅导员队伍建设就是通过推动队伍不断"五育并举"，以提升辅导员队伍的职业能力素质和工作水平，在"五育并举"中不断加强队伍的专业水平和职业化程度，并且逐步培养出一批具有理论水平和实践经验的专家型辅导员，以学习推进专业化辅导员队伍建设。可以说，无论是辅导员队伍专业化、职业化还是专家化，"五育并举"都是不可忽视的一个重要因素。过去高校辅导员队伍建设发展所取得的成就与"五育并举"密切相关，没有对"五育并举"的要求和重视就不可能有队伍专业化、职业化、专家化的发展，今后辅导员队伍建设也只有在不断的"五育并举"建设中掌握工作内容、了解工作对象、掌握工作技巧、把握工作规律，从而应对新的挑战和考验，依靠学习继续推动辅导员队伍建设向专业化、职业化、专家化方向发展。

二是以"五育并举"走向辅导员个人全面发展的未来。高校"五育并举"型辅导员队伍建设注重激发和尊重辅导员在自我发展中的主体地位，既着眼于辅导员作为从业人员的社会价值，更关注辅导员作为现实个体的个人价值。辅导员首先是作为"人"的存在，然后才是作为"师"的存在，生命的意义不仅在于作为人师的"他人意义"，即帮助学生成长成才，还有作为个体生命的"个人意义",即实现自我生命的发展和完善。"五育并举"型辅导员队伍建设不仅将辅导员作为国家实现教育目标的工具,要求辅导员不断"五育并举"以胜任辅导员工作,更加注重把辅导员看成是自我发展的、能动的、独立的主体,通过"五育并举"关注辅导员自我完善和发展以及他们精神世界的丰满。通过强调学习唤醒其主体发展意识,培养辅导员在"五育并举"自觉活动中的自主性、自为性、独立性和创造性,不仅在"五育并举"中实现辅导员个人知识提升和能力精进,也在"五育并举"中帮助辅导员克服"本领恐慌",使其在职业胜任中收获内在的尊严感、成就感、幸福感和自我实现感。"五育并举"已经不仅仅是外力支配下的被动行为,更多地体现为辅导员寻求人生价值实现的"幸福蝶化过程",这种幸福蝶化的过程也正是辅导员自我不断走向全面发展的过程。

学习"五育并举"不是目的,活学活用才是关键。高校"五育并举"型辅导员队伍建设不是根本目的,站在中国社会主义事业发展全局的高度,做好社会主义建设者和接班人的培养工作才是高校"五育并举"型辅导员队伍建设的最终价值追求。无论是以"五育并举"促进辅导员个人的全面发展,还是提升辅导员队伍专业化、职业化、专家化水平,它们最根本的落脚点还是在于学用结合、学以致用,通过学习提升辅导员队伍整体的能力素质,提高辅导员队伍整体的工作水平,把学习成果转化为解决实际问题的能力,做好高校思想政治教育工作,为培养社会主义事业的建设者和接班人奠定坚实的基础。实现中华民族伟大复兴中国梦的时代号角已经吹响,"两个一百年"奋斗目标已经明确,大学生是国家的栋梁、民族的未来,是未来实现中华民族伟大复兴中国梦的承担者和实现者。高校辅导员作为大学生健康成长的引路人、学生价值观的培育者、理想信念的浇铸人,应该始终牢记为社会主义事业培养建设者和接班人的历史重任,在学习中增强本领,在发展中提升能力,完成好"筑梦人"的角色使命,帮助大学生"敢于有梦、勇于追梦、勤于圆梦",在帮助大学生放飞青春梦想的教育事业中,在实现国家"教育梦"和"中国梦"的伟大征程中彰显出高校辅导员的真正价值。

结　语

附录一　高校"五育并举"型辅导员队伍建设现状调查问卷

尊敬的辅导员同仁：

您好！为了更好地了解高校"五育并举"型辅导员队伍建设现状，为高校辅导员队伍建设工作提供科学依据，特开展本次问卷调查。本问卷采取无记名方式，调查结果仅供研究之用。

感谢您在百忙之中对本调查所给予的支持与合作！

1. 您所在的高校在（填空题）（　）
2. 您所在的高校是（　）
   A. 双一流高校或重点高校（985/211）　　B. 普通高校
   C. 民办高校　　　　　　　　　　　　　D. 独立学院
3. 您的性别是（　）
   A. 男　　　　　　　　　　　　　　　　B. 女
4. 您的年龄是（　）
   A. 30 岁及以下　　　　　　　　　　　　B. 31~40 岁
   C. 41~50 岁　　　　　　　　　　　　　D. 51 岁及以上
5. 您的最高学历是（　）
   A. 大专及以下　　B. 本　科　　C. 硕士在读
   D. 硕　士　　　　E. 博士在读　　F. 博　士
6. 您的最高学历专业学科门类是（　）
   A. 教育学　　B. 文　学　　C. 哲　学　　D. 管理学
   E. 心理学　　F. 法　学　　G. 工　学　　H. 经济学
   I. 农　学　　J. 医　学　　K. 艺术学
7. 您的职称是（　）
   A. 未定级　　　　B. 初　级　　C. 中　级
   D. 副　高　　　　E. 高　级

8. 您从事辅导员工作的时间是（　）

　　A. 4年及以下　　　　　　B. 5~8年

　　C. 9~12年　　　　　　　D. 13年及以上

9. 您认为辅导员工作（　）

　　A. 非常有意义　　　　　B. 很有意义　　　　　C. 意义一般

　　D. 意义很小　　　　　　E. 没有意义

10. 您认为辅导员在学校的地位（　）

　　A. 非常高　　　　　　　B. 高　　　　　　　　C. 比较高

　　D. 低　　　　　　　　　E. 比较低　　　　　　F. 非常低

11. 您当初选择从事辅导员职业的主要原因是（最多选择2项）（　）

　　A. 喜欢高校工作环境　　B. 喜欢学生工作　　　C. 专业对口

　　D. 工作稳定　　　　　　E. 其他原因

12. 您感觉从事辅导员工作（　）

　　A. 非常快乐　　　　　　B. 比较快乐

　　C. 不快乐　　　　　　　D. 说不清楚

13. 您对自己辅导员工作的成就感是（　）

　　A. 非常高　　　　　　　B. 比较高　　　　　　C. 一般

　　D. 低　　　　　　　　　E. 非常低

14. 您对辅导员工作现状的满意度是（　）

　　A. 非常满意　　　　　　B. 比较满意　　　　　C. 一般

　　D. 不满意　　　　　　　E. 非常不满意

15. 您对辅导员工作的倦怠感是（　）

　　A. 非常强烈　　　　　　B. 比较强烈

　　C. 一般　　　　　　　　D. 没有倦怠感

16. 您对辅导员走专业化、职业化发展道路的态度是（　）

　　A. 赞同　　　　　　　　B. 不赞同　　　　　　C. 不关注/无所谓

17. 您是否开展过辅导员职业生涯规划（　）

　　A. 是　　　　　　　　　B. 否

18. 您认为自己是属于哪种类型的辅导员（最多选择2项）（　）

　　A. 事务型辅导员　　　　B. 研究型辅导员

　　C. 专家型辅导员　　　　D. 未确定具体类型

19. 您未来五年的职业发展目标是（　）

   A. 成为专业领域优秀的辅导员　　B. 成为专家型辅导员

   C. 成为专业教师　　　　　　　　D. 转岗/竞聘为行政人员

   E. 离开高校，另谋职业

20. 您认为支撑您长期从事辅导员职业的主要原因是（最多选择3项）（　）

   A. 工作成就感高　　　　B. 能实现职业理想　　C. 时间自由

   D. 专业对口　　　　　　E. 社会评价高　　　　F. 发展前途好

   G. 收入稳定

21. 您认为可能影响您离开辅导员职业的主要原因是（最多选择3项）（　）

   A. 工作压力大　　　　　B. 职业地位低　　　　C. 没有前途

   D. 收入低　　　　　　　E. 年龄问题　　　　　F. 没有工作成就感

   G. 社会评价低　　　　　H. 专业不对口　　　　I. 其他原因

22. 您对自己工作的要求是（　）

   A. 立志成为优秀辅导员　　　B. 尽职尽责做好工作

   C. 不出错/出事就好　　　　D. 没有具体要求

23. 您认为高校辅导员队伍是一支什么样的队伍（　）

   A. 有共同教育梦想，成员齐心协力，共同奋进的队伍

   B. 受尊重受关爱，成员乐观自信，自信努力的队伍

   C. 为了工作而聚合，成员主要依靠自身努力完成工作的队伍

   D. 不被重视，容易产生倦怠的队伍

24. 您认为学习对于辅导员的重要性是（　）

   A. 非常重要　　　　　　B. 比较重要

   C. 重要　　　　　　　　D. 不重要

25. 您对开展五育并举型辅导员队伍建设工作的态度是（　）

   A. 赞同　　　　　　　　B. 都可以　　　　　　C. 不赞同

26. 您对待学习的态度是（　）

   A. 工作面临很多新的挑战，亟须加强学习

   B. 认识到学习重要性，但紧迫感不强，等到有需要或学校安排的时候再学

   C. 工作很简单，现有知识足矣应付工作，没必要学习

   D. 不会一直做这个工作，学或不学就没多大区别

27. 您参与学习的状态一般是（　）

    A. 主动积极参与　　　　　　B. 被动配合参与

    C. 被动敷衍参与　　　　　　D. 拒绝参与

28. 您有哪些职业资格证书（多选题）（　）

    A. 高校教师资格证　　B. 心理咨询师　　C. 职业指导师

    D. 创业咨询师　　　　E. 人力资源管理　　F. 其他证书

    G. 没有任何证书

29. 您认为目前在辅导员工作中最欠缺的能力是（　）

    A. 组织管理能力　　　　　　B. 语言文字表达能力

    C. 教育引导能力　　　　　　D. 调查引导能力

    E. 学术研究能力　　　　　　F. 其他能力

30. 您认为目前最欠缺哪个学科的知识（最多选择3项）（　）

    A. 心理学　　　　　　B. 教育学　　　　　C. 思想政治教育学

    D. 社会学　　　　　　E. 伦理学　　　　　F. 其他

31. 您认为目前最亟须学习辅导员工作的内容方面包括（最多选择3项）（　）

    A. 心理健康教育与咨询　　　B. 学生工作理论实践能力提升

    C. 职业规划和就业创业指导　D. 网络思想政治教育

    E. 危机事件应对　　　　　　F. 思想政治教育

    G. 党团和班级建设　　　　　H. 学业指导

    I. 日常教育管理

32. 您所在的学校是否为辅导员队伍制订过专门的学习计划（　）

    A. 有　　　　　　　　　　　B. 没有

33. 您是否为自己制订过学习计划（　）

    A. 是　　　　　　　　　　　B. 否

34. 您阅读的辅导员工作书籍来自于（最多选择2项）（　）

    A. 学校图书馆　　　　　　　B. 向同事借

    C. 学校发放　　　　　　　　D. 自行购买

35. 您所在的学校辅导员间的学习氛围（　）

    A. 非常浓　　　　　B. 浓　　　　　　　C. 一般

    D. 没有　　　　　　E. 不了解

36. 您所在的学校在辅导员学习资源共享方面的状况（ ）

　　A. 非常好　　　　　　　B. 很好

　　C. 一般　　　　　　　　D. 不好

37. 您每周自主开展与辅导员工作相关的学习时间大概是（ ）

　　A. 0小时　　　　　B. 1~2小时　　　　　C. 3~4小时

　　D. 5~6小时　　　　E. 7小时及以上

38. 您每周自主开展与辅导员工作相关的学习次数是（ ）

　　A. 0次　　　　　　B. 1~2次　　　　　　C. 3~4次

　　D. 5~6次　　　　　E. 7次及以上

39. 您觉得影响学习的主要阻碍因素是（最多选择3项）（ ）

　　A. 工作太忙，没有时间

　　B. 工作没前途，没有学习动力

　　C. 学习没有氛围，缺乏激励政策

　　D. 缺乏学习指导，找不到学习方向和重点

　　E. 家庭事务多，无暇学习

　　F. 自己没有学习习惯，不爱学习

　　G. 经济压力　　　　　　H. 其他

40. 您所带的学生数为（ ）

　　A. 150人以下　　　　B. 150~200人　　　　C. 200~300人

　　D. 300~400人　　　　E. 400人以上

41. 您目前具备的辅导员知识技能主要来自于（最多选择2项）（ ）

　　A. 职前专业学习　　　B. 职前培训　　　　C. 在职培训

　　D. 老同志的传、帮、带　E. 在工作中自我学习和总结

42. 您目前开展学习的主要形式是（最多选择3项）（ ）

　　A. 自主学习　　　　　B. 集中培训　　　　C. 专题讲座

　　D. 考察调研　　　　　E. 同行交流　　　　F. 团队训练

　　G. 学历深造　　　　　H. 挂职锻炼　　　　I. 其他

43. 您目前学习的主要媒介渠道是（最多选择3项）（ ）

　　A. 书籍　　　　　　　B. 网络　　　　　　C. 杂志

　　D. 文件　　　　　　　E. 广播　　　　　　F. 电视

　　G. 其他

44. 您获取辅导员工作相关知识的主要网站是（最多选择2项）（ ）

   A. 中国大学生在线　　　 B. 教育部思政司网站　　 C. 高校辅导员网站

   D. 高校辅导员之家　　　 E. 其他门户网站

45. 入职以来，您参加过何种形式的在职培训（多选题）（ ）

   A. 专家讲座　　　　　　 B. 辅导员沙龙　　　　　 C. 参观考察

   D. 出国学习　　　　　　 E. 专题研讨会　　　　　 F. 专项培训

   G. 其他培训　　　　　　 H. 未参加任何培训

46. 近三年来，您参加校级培训和学习的次数大概是（ ）

   A. 0次　　　　　　　　　 B. 1~2次　　　　　　　 C. 3~4次

   D. 5~6次　　　　　　　　 E. 7~8次　　　　　　　 F. 9次及以上

47. 近3年来，您参加省级培训和学习的次数大概是（ ）

   A. 0次　　　　　　　　　 B. 1~2次　　　　　　　 C. 3~4次

   D. 5~6次　　　　　　　　 E. 7~8次　　　　　　　 F. 9次及以上

48. 近3年来，您参加国家级培训和学习的次数大概是（ ）

   A. 0次　　　　　　　　　 B. 1次　　　　　　　　 C. 2次

   D. 3次　　　　　　　　　 E. 4次　　　　　　　　 F. 5次及以上

49. 从事辅导员职业以来，您参加过的国外培训和学习的次数是（ ）

   A. 0次　　　　　　　　　 B. 1次　　　　　　　　 C. 2次

   D. 3次　　　　　　　　　 E. 4次　　　　　　　　 F. 5次及以上

50. 您参加在职培训的费用（ ）

   A. 全部由学校承担　　　 B. 全部由个人承担

   C. 学校个人按比例承担　 D. 没参加过不知道

51. 您获取培训学习信息的主要渠道是（最多选择3项）（ ）

   A. 教育主管部门通知　　 B. 辅导员专业协会通知

   C. 学校学工部门通知　　 D. 自行网络查询

   E. 同行介绍　　　　　　 F. 培训机构邀请

   G. 其他

52. 您对参加过的在职培训总体是否满意（ ）

   A. 非常满意，总能有所收获，对工作非常有帮助

   B. 比较满意，培训质量不错，但还有很多有待改善之处

   C. 一般，培训质量参差不齐，缺乏系统性和针对性

D. 不满意，培训质量差，无益于工作

E. 非常不满意

53. 您认为您所参与的各级各类培训中存在的主要问题是（最多选择3项）（　）

　　A. 缺乏系统性　　　B. 缺乏规范性　　　C. 缺乏针对性

　　D. 缺乏时效性　　　E. 缺乏前瞻性

54. 您认为您所开展的学习活动对辅导员工作的有效开展是否有帮助（　）

　　A. 帮助非常大　　　B. 帮助比较大　　　C. 帮助一般

　　D. 帮助不大　　　　E. 没有帮助

55. 您兼任的辅导员岗位外的其他校内职务（　）

　　A. 院（系）党委（党总支）副书记等副处级职务

　　B. 学工组长、院（系）团委（团总支）书记等科级职务

　　C. 其他管理职务

　　D. 未担任其他职务

56. 您是否加入过与辅导员工作相关的专业协会（　）

　　A. 是　　　　　　　B. 否

57. 您是否兼任与辅导员工作相关的专业协会职务（　）

　　A. 是　　　　　　　B. 否

58. 近三年以来，您发表的学术论文（含优秀网络文化成果）有（　）篇

　　A. 0篇　　　　　　B. 1篇　　　　　　C. 2篇

　　D. 3篇　　　　　　E. 4篇　　　　　　F. 5篇及以上

59. 近三年以来，您编写的与辅导员工作相关的专著有（　）部

　　A. 0部　　　　　　B. 1部

　　C. 2部　　　　　　D. 3部及以上

60. 近三年以来，您主持/参研校级科研项目有（　）项

　　A. 0项　　　　　　B. 1项

　　C. 2项　　　　　　D. 3项及以上

61. 近三年以来，您主持/参研省部级科研项目有（　）项

　　A. 0项　　　　　　B. 1项

　　C. 2项　　　　　　D. 3项及以上

62. 您所在的学校是否牵头组建过辅导员学习团队，例如辅导员工作室/学习小组等（　）

  A. 有 　　　　　　　　B. 没有 　　　　　　　C. 不清楚

63. 您是否参加过由辅导员组成的学习团队（　）

  A. 在校内参加过 　　　　B. 在校外参加过

  C. 校内外都参加过 　　　D. 校内外都没有参加过

64. 您所在的学校是否牵头组建过辅导员研究团队，例如专项项目研究组等（　）

  A. 有 　　　　　　　　B. 没有 　　　　　　　C. 不清楚

65. 您是否参加过由辅导员组成的研究团队（　）

  A. 在校内参加过 　　　　B. 在校外参加过

  C. 校内外都参加过 　　　D. 校内外都没有参加过

66. 您所在的学校是否设立面向辅导员的专项思想政治教育研究课题（　）

  A. 有 　　　　　　　　B. 没有 　　　　　　　C. 不清楚

67. 您参与的同行间学习交流的主要形式是（最多选择2项）（　）

  A. 自发进行的私下交流 　　B. 有计划有组织的院内交流

  C. 有计划有组织的校内交流 　D. 有计划有组织的校际交流

  E. 从来不交流

68. 近三年以来，您参与挂职、借调等交流的次数（　）

  A. 0次 　　　　　　　　B. 1次

  C. 2次 　　　　　　　　D. 3次及以上

69. 您是否接受过辅导员同事的传、帮、带（　）

  A. 是 　　　　　　　　B. 否

70. 您是否接受过辅导员专家学者的传、帮、带（　）

  A. 是 　　　　　　　　B. 否

71. 您参与的同行间学习交流的主要平台是（最多选择3项）（　）

  A. 沙龙 　　　　　　　B. 论坛 　　　　　　　C. 学会

  D. 研究会 　　　　　　E. QQ群 　　　　　　F. 微信

  G. 微博 　　　　　　　H. 邮件 　　　　　　　I. 电话

  J. 面谈 　　　　　　　K. 其他

72. 您是否加入过辅导员工作交流的 QQ 群或微信群（多选题）（ ）

　　A. 加入过校内的　　　B. 加入过院（系）内的

　　C. 加入过校外的　　　D. 从来没有加入过

73. 您是否关注国家出台的关于高校辅导员队伍建设的文件和政策（ ）

　　A. 非常关注　　　　　B. 比较关注

　　C. 关注　　　　　　　D. 不关注

74. 您是否了解国家对于"五育并举"的文件和政策（ ）

　　A. 非常了解　　　　　B. 比较了解

　　C. 了解　　　　　　　D. 不了解

75. 您是否了解国家对于"五育并举"融入高校辅导员建设方面的政策（ ）

　　A. 非常了解　　　　　B. 比较了解

　　C. 了解　　　　　　　D. 不了解

76. 您所在的学校是否单独出台过促进辅导员队伍建设的政策和文件（ ）

　　A. 有　　　　　　　　B. 没有　　　　　C. 不清楚

77. 您认为您所在学校在"五育并举"型辅导员队伍建设方面存在的最大问题是（最多选择 3 项）（ ）

　　A. 缺乏顶层设计　　　B. 很好

　　C. 一般　　　　　　　D. 不好

78. 您所在的学校是否出台过促进"五育并举"型辅导员队伍建设的政策和文件（ ）

　　A. 有

　　B. 没有，但在其他辅导员队伍建设的政策文件中有所涉及

　　C. 没有任何政策文件

　　D. 不清楚

79. 您对"五育并举"的认知是（ ）

　　A. "五育并举"基本内涵包括德育、智育、体育、美育和劳动教育

　　B. "五育并举"旨在通过德育、智育、体育、美育和劳动教育结合，完善高校育人体系，进一步提升治理能力和治理体系

　　C. "五育并举"旨在通过将德育、智育、体育、美育和劳动教育这"五育"，与全员、全过程、全方位育人结合，完善高校育人体系，进一步提升治理能力和治理体系

D. 对"五育并举"不了解

80. 您对"五育并举"融入大学生思想政治教育现状的了解（　　）

A. "五育并举"除了通过第一、第二课堂，还通过日常教育管理融入大学生思想政治教育

B. "五育并举"主要通过第一、第二课堂结合的方式融入大学生思想政治教育

C. "五育并举"主要通过第二课堂融入大学生思想政治教育

D. 不知道如何将"五育并举"融入大学生思想政治教育

81. 您所在的学校是否重视通过加强"五育并举"促进辅导员队伍建设（　　）

A. 非常重视　　　　B. 比较重视　　　　C. 一般

D. 不重视　　　　　E. 非常不重视

82. 您所在的学校是否有推动"五育并举"融入辅导员队伍建设的激励政策（　　）

A. 有　　　　　　　B. 没有　　　　　　C. 不清楚

83. 辅导员工作中运用"五育并举"的内容（　　）

A. 辅导员工作中主要根据学校或学工、团委、院系布置的"五育并举"安排开展工作

B. 智育主要以第一课堂为主，辅导员工作中主要以开展德育、体育、美育和劳动教育为主

C. 辅导员工作中尽量将德育、智育、体育、美育和劳动教育全面结合

D. 未考虑在工作中融入"五育并举"

84. 辅导员工作中运用"五育并举"的方式是（　　）

A. 以第二课堂活动为主，同时通过主题班（团）会、主题党（团）日、志愿服务等方式

B. 主要通过主题班（团）会、主题党（团）日、志愿服务等方式

C. 未找到合适的方式

85. 您认为"五育并举"对于辅导员队伍建设的作用（　　）

A. "五育并举"主要运用于辅导员工作中，以加强对大学生的思想政治教育

B. "五育并举"除了运用于辅导员工作，对辅导员队伍建设本身也有积极作用

C. 未考虑"五育并举"对辅导员队伍建设的作用

86. 您所在高校是否将"五育并举"融入辅导员队伍建设进行合理引导和有效规划（　）

A. 所在高校有开展"五育并举"融入辅导员队伍建设的合理引导和有效规划

B. 所在高校所作的关于辅导员队伍建设的引导和规划中，有关于"五育并举"的内容

C. 所在高校没有开展"五育并举"融入辅导员队伍建设的合理引导和有效规划，也没有在辅导员队伍建设的引导和规划中，涉及"五育并举"的相关内容

D. 不清楚所在高校是否将"五育并举"融入辅导员队伍建设进行合理引导和有效规划

87. 您所在高校是否有激励辅导员将"五育并举"融入日常工作和自身素质能力提升的相关政策（　）

A. 所在高校有专门的相关激励政策

B. 所在高校没有专门的激励政策，但是有将"五育并举"融入日常学生教育管理服务作为辅导员考核、职称职务晋升重要参考依据的政策文件

C. 不清楚所在高校是否有相关激励政策

88. 您所在高校是否形成将"五育并举"融入日常工作和自身素质能力提升的浓厚氛围（　）

A. 所在高校有形成浓厚氛围

B. 所在高校有部分辅导员将"五育并举"融入日常工作和自身素质提升，但尚未形成整体浓厚氛围

C. 所在高校辅导员队伍未将"五育并举"融入日常工作和自身素质提升，离形成浓厚氛围还有差距

D. 不清楚所在高校是否有形成此类氛围

89. 您所在高校辅导员是否有"五育并举"相关资源共享（　）

A. 有共享　　　　　　B. 未共享　　　　　　C. 不清楚是否有共享

90. 您认为所在高校"五育并举"型辅导员队伍建设目前存在的主要问题是（　）

A. 缺乏顶层设计　　　B. 缺乏激励机制　　　C. 领导不重视

D. 缺乏考核制度　　　　E. 辅导员不配合　　　F. 其他因素

91. 您认为所在高校辅导员是否支持开展"五育并举"型辅导员队伍建设（　）

A. 绝大多数支持　　　B. 部分支持　　　　　C. 部分不支持

D. 绝大多数反对　　　E. 不清楚

92. 您认为如果辅导员不支持"五育并举"型辅导员队伍建设的原因是（　）

A. 缺乏顶层设计　　　B. 缺乏激励机制　　　C. 领导不重视

D. 担心增加工作量　　E. 担心占用个人时间　F. 其他因素

93. 您认为所在高校学生是否会支持建设"五育并举"型辅导员队伍（　）

A. 绝大多数支持　　　B. 部分支持　　　　　C. 部分不支持

D. 绝大多数反对　　　E. 不清楚

94. 您的家庭会支持您在"五育并举"方面的努力和付出吗（　）

A. 非常支持　　　　　B. 比较支持

C. 一般　　　　　　　D. 不太支持

95. 如果您所在高校以辅导员研究团队或项目方式开展"五育并举"建设，您会参加吗（　）

A. 会　　　　　　　　B. 不会　　　　　　　C. 观望看看

96. 您是否愿意担任"五育并举"辅导员队伍建设的牵头成员（　）

A. 愿意　　　　　　　B. 不愿意

97. 您是否愿意发动和鼓励身边的辅导员积极投入"五育并举"建设（　）

A. 愿意　　　　　　　B. 不愿意

98. 您觉得目前社会在高校"五育并举"型辅导员队伍建设中所起的作用（　）

A. 非常大　　　　　　B. 一般

C. 未起作用　　　　　D. 不清楚

99. 您觉得社会对高校"五育并举"型辅导员队伍建设的主要力量源自（　）

A. 地方政府　　　　　B. 地方教育主管部门

C. 合作企事业单位　　D. 校友

100. 您觉得社会对高校"五育并举"型辅导员队伍建设能够给予的支持主要是（　）

A. 资金支持　　　　　B. 智库支持

C. 合作项目支持　　　D. 其他方面

附录二　高校"五育并举"型辅导员队伍建设现状访谈提纲

1. 您为什么选择从事辅导员工作？
2. 您认为辅导员工作是一份什么样的工作？
3. 您认为辅导员工作的意义是什么？
4. 您从事辅导员工作的体验如何？
5. 您对高校辅导员这支队伍评价如何？
6. 您目前所掌握的辅导员工作的知识技能主要来源于？
7. 您认为自己目前亟须学习补充的是哪方面？
8. 您是否为自己制订过学习计划？
9. 您所在高校是否为您的学习做出指导？
10. 您参加培训学习的情况如何？收获如何？对培训的质量是否满意？
11. 您认为您的学习成效如何？学习成效主要体现在哪些方面？
12. 您的科研及论文发表情况如何？
13. 您认为目前影响辅导员开展学习活动的主要阻碍因素有哪些？
14. 学校是否支持辅导员学习？提供有哪些便利条件？
15. 您是否参加过辅导员专业协会？是否参加过辅导员学习团队或研究团队？
16. 您目前和辅导员同行进行交流学习主要通过哪些方式？
17. 您对辅导员职业化、专业化建设持何种态度？
18. 您对自己未来五年的职业生涯规划是什么？
19. 您对建设高校"五育并举"型辅导员队伍持何种意见？
20. 您是否关注或了解国家出台的辅导员队伍建设方面的政策文件？
21. 您所在的高校是否重视以"五育并举"促进辅导员队伍建设？
22. 您所在高校有没有单独出台"五育并举"相关政策文件？
23. 您所在高校在引导辅导员学习方面的指导作用发挥如何？
24. 您所在的高校学习氛围如何？学习资源共享的状况如何？
25. 您认为高校"五育并举"型辅导员队伍建设过程中最大的问题是什么？
26. 您认为社会在高校"五育并举"型辅导员队伍建设中的作用发挥如何？

后　　记

　　学术研究的起点源自时代之需。在高校治理能力和治理体系现代化建设和构建更高水平人才培养体系的背景下，将"以'五育并举'助力发展"的理念引入高校辅导员队伍建设，以质量提升和内涵式发展为导向，将德育、智育、体育、美育、劳动教育从资源要素的重新整合上升为"五育并举"体制机制优化，积极探索研究"五育并举"型辅导员队伍建设发展进路，不仅在于从全新的维度和创新的模式对辅导员队伍建设开展系统研究，更是对深化新时代教育评价改革和促进高等教育发展的积极回应。

　　本书是西南政法大学讲师朱博主持的西南政法大学2021年度学生思想政治教育重点科研项目（项目编号：2021-XZSZ04）"治理体系和治理能力现代化视域下加强和改进高校思想政治教育工作路径探析"的最终结项成果。全书由课题组成员集体协作共同完成。朱博讲师提出基本思路和整体篇章结构，并组织各章节撰写人按照篇章结构细化分工，完成编写工作。各章节分工如下：前言、绪论、第五章、第六章第二节、结语、附录一和附录二撰写人为朱博讲师，第一章撰写人为曾任庆，第二章撰写人为周芸伊，第三章撰写人为李艳，第四章、第六章第一节撰写人为徐睿琦。朱博讲师负责全书的统稿和修订。

　　本书围绕"五育并举"型辅导员队伍建设"是什么""为什么""怎么样""怎么建"等关键性问题进行研究。具体来说，本书主要分为六章：绪论主要探讨了研究的源起、国内外研究现状以及研究的内容、方法和路线。第一、二、三章通过"五育并举"型辅导员队伍建设相关概念阐释和特征解析，掌握其内涵、特征以及内部结构关系，构建"五育并举"型高校辅导员队伍建设的模型，探寻其理论基础，分析其时代背景和价值意蕴，明晰"五育并举"型辅导员队伍建设"是什么""为什么"。第四、五章通过回溯历史可见，辅导员队伍建设的实践经验和理论成果为开展"五育并举"型辅导员队伍建设奠定了良好的基础，提供了重要的参考。通过实证调查研究，可以获取队伍建设的第一手资料，并进行分析研究找出关键问题，辨清"五育并举"型辅导员队伍建设实际建设情况，厘清"怎么样"。第六章在厘清基本理论，分析发展沿革和现实状况的基础上，从系统分析的角度，明晰"五育并举"型辅导员队伍建设的基本思路，对实践路径进行深入探讨，明确"怎么建"。

总体来说，研究紧扣新时代高等教育改革的时代脉搏和高校内涵式发展的背景，厘清了高校辅导员队伍建设的理论基础和逻辑所在，分析了高校辅导员队伍建设的历史沿革和现实状况，构建了"五育并举"融入高校辅导员队伍建设的研究空间和框架结构，突破了过去研究从理论到理论的局限性，辅以充分的调查数据对辅导员队伍建设现状和存在的问题进行了系统分析，研究从发展规律角度进一步深化了对现行辅导员队伍建设的认识，探讨了新时代高校辅导员队伍建设研究在系统性、完整性等方面存在的问题和不足，并以此为基础进一步探索研究了"五育并举"这一全新路径，为进一步推进辅导员队伍建设创新发展提供了理论和现实借鉴。

参 考 文 献

研究著作类：

[1] 陈万柏，张耀灿. 思想政治教育学原理（第三版）[M]. 北京：高等教育出版社. 2015.

[2] 代黎明. 高校思想政治教育实效性研究[M]. 北京：北京理工大学出版社. 2018.

[3] 吕开东. 新时代高校思想政治教育工作探索[M]. 北京：光明日报出版社. 2019.

[4] 冯刚. 高校思想政治教育工作质量评价研究[M]. 北京：人民出版社. 2020.

[5] 陈莉. 新时代高校思想政治教育教学改革与实践研究[M]. 西安：西北大学出版社. 2020.

学术论文类：

[1] 冯刚. 高校思想政治教育工作质量评价的时代特点与展望[J]湖北社会科学，2021（1）：157-162.

[2] 冯刚. 深刻把握高校思想政治教育热点研究实践导向的价值意蕴[J]思想政治教育研究，2021（1）：1-5.

[3] 徐晓宁. 论高校思想政治教育与校园文化建设的深度融合[J]中国高等教育，2020（12）：37-39.

[4] 邬小撑. 精准把握高校思想政治教育工作质量评价的内在规律——评《高校思想政治教育工作质量评价研究》[J]学校党建与思想教育，2021（3）：93.

[5] 邓卓明. 推进高校思想政治教育守正创新的重要探索——评《高校思想政治教育工作质量评价研究》[J]思想教育研究，2021（2）：159.

[6] 张智. 新时代高校思想政治教育工作第三方评价机制研究[J]学校党建与思

想教育，2020（13）：17-20.

[7] 梁珊，张云龙. 新时代高校思想政治教育实践教学证成的三重逻辑[J]湖北社会科学，2021（1）：163-168.

[8] 赵毅. 高校思想政治教育质量影响因素研究[J]江苏高教，2020（5）：91-95.

[9] 陈吉鄂，王丽慧，谢心遥. 大数据时代的高校思想政治教育评价——第四研究范式的视角[J]教育学术月刊，2021（11）：57-63.

[10] 付超，王让新，胡歆. 校史资源在高校思想政治教育中的运用[J]学校党建与思想教育，2021（2）：94-96.

[11] 骞真，段虹. 美育在高校思想政治教育中的价值研究[J]思想政治教育研究，2020（3）：115-119.

[12] 魏薇、毛萍、马继梅. 融媒体时代高校思想政治教育话语的变迁与进路[J]现代教育管理，2020（7）：22-29.

[13] 王岩，冯爱玲. 高校思想政治教育"三全育人"模式组成要素解析[J]. 高教学刊，2018（16）.

[14] 郭芳. "三全育人"模式下高校思想政治教育工作的开展[J]. 德育教育，2017（10）.

[15] 盛红. 新时代高校思想政治教育话语权的建构[J]. 河海大学学报，2020（6）：15-21，109-110.

[16] 杨仁财. 人工智能赋能高校思想政治教育的挑战与应对[J]. 国家教育行政学院学报，2020（5）：54-59.

[17] 丁红卫，唐滢，曹甜甜. 中日高校思想政治教育实效性比较研究[J]. 云南行政学院学报，2020（1）：96-100.

[18] 卞飞，张卫良，张平. 治理体系和治理能力现代化视域下高校思想政治教育有效性提升研究中日高校思想政治教育实效性比较研究[J]黑龙江高等教育，2020（1）：126-130.

[19] 冯旺舟，戴芸芸. 新时代高校志愿服务融入社区治理的困境与重塑——基于大数据的视角[J]中国青年社会科学，2021（3）：39-45.

[20] 李颖，靳玉军. 网络空间视域下高校思想政治教育治理的创新发展研究[J]重庆大学学报，2020（3）：215-226.

硕博学位论文：

[1] 陈思雨. 习近平高校思想政治教育重要论述研究[D]湘潭大学，2020.

[2] 赖乌云. 中美高校思想政治教育比较研究[D]内蒙古大学，2020.

[3] 张瑞敏. 大数据背景下高校思想政治教育创新研究[D]华东师范大学，2020.

[4] 杨林. 心理健康教育融入高校思想政治教育路径研究[D]东北师范大学，2020.

[5] 王宏丽. 艺术审美教育融入高校思想政治教育研究[D]武汉科技大学，2020.

[6] 颜林. 朋辈教育融入高校思想政治教育研究[D]四川外国语大学，2020.

[7] 李林. 罗杰斯教育思想对高校思想政治教育的启示[D]湖南师范大学，2019.

[8] 陈捷. 高校思想政治教育实践的美学意蕴与现实路径研究[D]华侨大学，2020.

会议论文：

[1] 金国峰. 高校思想政治教育治理体系和治理能力现代化[C]辽宁省高等教育学会2014年学术年会优秀论文三等奖摘要集，2014.

[2] 金茜. 如何提升高校思想政治教育实效性[C]2020年课堂教学教育改革专题研讨会论文集，2020.

[3] 高祥，马寰宇，林海莹. 习近平关于高校思想政治教育论述的逻辑阐释[C]第十七届沈阳科学学术年会论文集，2020.

[4] 乔扬. 高校思想政治教育的人文关怀研究[C]2020年"基于核心素养的课堂教学改革"研讨会论文集，2020.

报纸类：

[1] 习近平：把思想政治工作贯穿教育教学全过程 开创我国高等教育事业发展新局面[N]. 人民日报，2016-12-9（1）.

[2] 中共中央国务院印发《关于加强和改进新形势下高校思想政治工作的意见》[N]. 人民日报，2017-02-28（1）.

[3] 朱明仕，李丹. 探寻高校思想政治教育的文化视角[N]. 中国社会科学报，2021-03-02（7）.